패 션 액 세 서 리 창 업 과 도 전

삶과 철학이 담긴 액세서리

삶과 철학이 담긴 액세서리

펴낸날 2025년 5월 7일

지은이 박옥경
펴낸이 주계수 | **편집책임** 이슬기 | **꾸민이** 이슬기

펴낸곳 밥북 | **출판등록** 제 2014-000085 호
주소 서울시 마포구 양화로 156 LG팰리스빌딩 917호
전화 02-6925-0370 | **팩스** 02-6925-0380
홈페이지 www.bobbook.co.kr | **이메일** bobbook@hanmail.net

© 박옥경, 2025.
ISBN 979-11-7223-075-3 (03190)

패 션 액 세 서 리   창 업 과   도 전

삶과 철학이 담긴 액세서리

박옥경

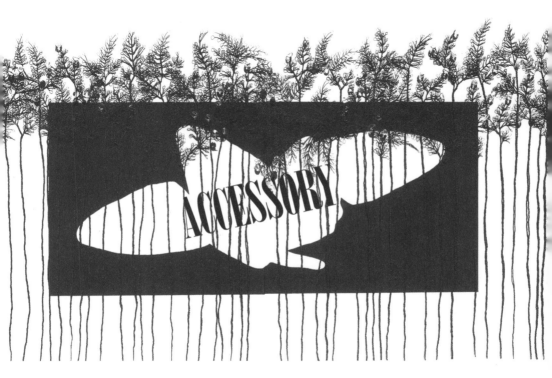

액세서리 역사와 함께한 멋스런 인생

**40여년 경력의 전문 교육자가
국내 패션액세서리 산업 현장을 지켜본 통찰**

신비한 할머니의 복주머니와 디자인의 세계

나의 액세서리 사랑은 할머니의 복주머니에서 시작되었던 것 같다. 1990년 어느 날 충북 보은에 살고 계시던 할머니께서 6개월밖에 못 사실 것 같다는 연락이 와서 할머니 댁으로 내려갔다. 당시 할머니 연세가 87세였고 나는 30대 초반이었다. 나는 할머니의 마지막 모습을 남기고 싶어 단정히 머리를 빗겨드리고 예쁘게 화장을 시켜드린 후 할머니를 꼭 안고 사진을 찍었다.

할머니 모습 사진

할머니 안고 찍은 사진

그리고 할머니께 여쭈었다.

"제가 할머니를 영원히 기억하고 싶은데, 기억할 만한 물건이 있을까요?"

할머니께서는 장롱을 열어 직접 찾아보라고 하셨다. 장롱문을 여니 그곳

깊숙한 곳에 숨어 있는 낡은 비단 복주머니 하나가 내 눈에 쏙 들어왔다. 복주머니 안에 뭐가 있을까 궁금해하면서 다시 여쭈었다.

"할머니! 이 복주머니 제가 가져도 될까요?"

"나 원 참. 그렇게 낡은 걸 뭐에다 쓰냐. 차라리 금비녀를 줄까?"

"아니요. 낡고 오래되었지만 저는 할머니의 손때 묻은 이 비단 복주머니가 좋아요. 이거 주세요."

할머니께서는 인자한 눈빛으로 웃으시면서 나를 향해 고개를 끄덕이셨다.

그때 우리 할머니는 예쁘고 현명하셨으며, 인정이 많고 엄하시면서도 감성적인 분으로 내 마음속 깊은 곳에 자리매김하였다.

할머니 복주머니

할머니 복주머니와 단추 등

당시 나는 할머니의 낡고 오래된 비단 복주머니를 열어보면서 뭐라 형용할 수 없는 묘한 기분이 들었다. 할머니의 따스함과 더불어 딱히 말로 표현하기 어려운 아련하고 뭉클한 감정이었다. 뭔가 익숙하지만 아득하게 느껴지는 기분이라고 할까? 복주머니 안에는 각종 단추, 보석, 마이깡, 할아버지 한복 마고자 단추 등등이 있었다. 할머니는 한복 치마 속 고쟁이 바지춤에 하나하나씩 고이 모으셨던 것이었으리라.

그 후 신비한 기운이 느껴지던 복주머니를 열어볼 때면 마법의 세계에 들어선 듯 설레곤 하였다. 설레는 마음으로 늘 간직해 온 할머니의 낡고 오래된 비단 복주머니는 때때로 나에게 꿈과 희망을 불어넣곤 했다.

내가 현대액세서리산업디자인학원을 운영할 당시 할머니의 복주머니를 작품으로 승화시켜 보려고 다양한 형태로 현대 수공예스타일에 접목해 보기도 하였다. 할머니께서 그동안 살아오신 이야기와 비단 복주머니에서 흐르는 고유한 선과 콘셉트 등을 잘 응용한다면 예술성을 겸비한 아름다운 디자인의 작품이 나올 것 같았다. 할머니께서 남겨주신 우리 고유의 문화는 패션액세서리 창업과 교육 현장에서 제자들에게 영감을 주기도 했다.

1995년도 학원 1년 정규과정에 재학 중이었던 안선후 학생은 복주머니 형태의 독특하고 개성 있는 멋진 쌈지 스타일의 가방을 디자인하여 주) 레더데코 제3회 쌈지 공모전에 출품하여 대상을 받았다. 당시 내가 지도했던 학생의 수상작품은 복합적인 선과 형태를 추구하였다. 그리고 우리 문화와 세계문화에 대한 이해를 바탕으로 독창적인 디자인 수준을 평가받은 것 같아 무척 기뻤다.

할머니의 삶이 담겨있는 복주머니와 같이 역사의 흐름을 겪은 삶이 녹아있는 예술작품이 곧 액세서리가 아닐까, 한다. 액세서리에 대한 이런 개념 정의와 함께 내가 액세서리 디자이너의 길을 한평생 걷고 있는 것도 할머니

삶과 철학이 담긴 액세서리

복주머니에서 비롯되지 않았을까, 하는 생각이 들곤 한다. 우리 삶과 밀착된 액세서리가 널리 알려지고 상용화·패션화되어 결국 사람들의 삶에 녹아들고 모두가 참여하는 예술의 흐름을 창조해 나간다면 우리 삶은 더욱 풍요로워질 것이다.

40여 년 액세서리의 역사 속 놀라운 성장을 경험하며 혼란과 격변의 세월을 몸소 겪어왔다. 오늘날 한국 패션액세서리 시장은 뛰어난 실력으로 예전과 비교할 수 없는 궤도에 올랐다고 자부한다.

우리만의 독특한 전통과 현대의 새로운 아이디어로 초심과 열정을 잃지 않는다면 기회는 지금이다. 전 세계는 한국의 서울, BTS, K-팝, 패션·뷰티와 함께 우리의 문화를 주목·인정하고 있다. 이 절호의 기회를 우리만의 방법과 노하우로 꾸준하게 잘 가꾸고 견뎌 나간다면 K-문화와 함께 글로벌 시장에서 우리의 액세서리 산업이 크게 성공 발전하지 않을까?

우리의 디자인이 세계적으로 그리고 패션액세서리 예술작품으로도 인정받는 문화로 발돋움하여 국가 경제에 이바지할 수 있기를 소망한다. 앞으로 수준 높은 패션액세서리 문화 산업이 전 세계로 더욱 확대해 나가길 간절히 바란다.

프랑스 경제학자이자 역사학자인 장 카스타레드의 책 『사치와 문명』(2011년)에 이런 구절이 나온다. "사치는 '돈을 얼마나 썼는가가 아니라 우리가 얼마나 풍요로워졌는가?' 하는 기준으로 판단되어야 한다. 풍요로운 사치는

'소유가 아니라 존재'인 것이다." 또한 시인 르네 샤르는 "흔적만이 우리를 꿈꾸게 한다"고 말했다.

이 말을 빌리자면 액세서리는 사치이자, 흔적이다. 풍요로워진 사치의 감정들을 멈추지 않고 멋과 함께 발전시켜 나간다면 우리를 꿈꾸게 하는 흔적의 진정한 사치는 패션액세서리가 아닐까?

우리의 멋진 삶을 위하여 나의 작업은 계속될 것이며, 그 노력의 결실이 시대를 살아가는 많은 이들의 삶을 풍요롭게 하는 데 도움이 되기를 소망한다. 그런 소망의 하나로 용기 내어 이 책을 내기에 이르렀다. 결국, 사람의 잠재성과 위대함을 발견하게 해준 액세서리의 아름다움을 통하여 이 책이 예술의 감동과 문명의 가치에 이르는 새로운 차원으로 승화되는 계기가 되기를 진심으로 바란다.

〈한국 주얼리산업 100년사〉를 집필하고 편찬하신 주얼리 업계의 존경하는 서울 과학기술대학교 오원택 교수님은 나에게 은인이신 분이다. 오 교수님께서 불현듯 던지신 "왜 액세서리 40년 인생에 책 하나 없을까?"라는 질문이 없었다면? 3개월의 긴 고민 끝에 내린 결정이 아니었다면? 이 책은 영영 세상에 나오지 못했을 것이다.

1년이라는 시간 동안 책을 쓸 수 있도록 적극적인 지도와 아낌없는 격려를 해주신 오원택 교수님께 고개 숙여 진심으로 감사의 말씀을 드리고 싶다.

그리고 한국패션액세서리공모전(KOFAC)을 적극 후원해 주신 패션액세서리 업계의 많은 분과 서륭인터내셔널의 박일청 대표님, 성주인터내셔널 김성주 대표님께도 깊은 감사를 드린다. 사업과 일로 바쁘신 시간에도 '액세서리와 사람들'편 인터뷰를 응해주신 13개 업체의 대표님들께도 감사드린다.

  책을 성심껏 출판해 주신 밥북의 주계수 대표와 출판사 직원들의 모든 노력에 감사를 표한다.

  지금도 현장에서 열정을 다하며 일하고 있을 나의 제자들에게도 큰 박수와 응원을 보낸다. 그리고 내 곁에서 언제나 응원해 주고 힘을 준 남편 펑펑 씨 그리고 엄마를 열심히 도와준 이쁜 딸, 큰아들 부부, 가족 모두에게 고맙다는 말을 전하고 싶다.

  또한, 하늘나라에서 지금도 축구공을 차며 활보하고 있을, 그토록 사랑했던 내 인생의 전부, 나의 소중한 아들 헌이에게도 이 책을 바친다.

2025년 벽두에
박옥경

3장 | 국내 최초로 도전한 액세서리 교육

4장 | 끊임없는 작품 활동과 전시회

5장 | 한국 패션액세서리 공모전

6장 | 액세서리와 사람들 1

7장 | 나의 삶, 나의 여정

1장

액세서리 산업 현황과 미래

1. 액세서리란?

| 정의

액세서리(Accessory)는 부속물, 보조물을 의미하며, 장식을 목적으로 하는 장신구, 또는 장식품의 의미가 크다. 장식 아이템으로 의상을 보충·보완하는 데 쓰이며 이러한 것들로는, 장신구(목걸이·귀걸이·반지), 장갑, 핸드백, 구두, 모자, 벨트, 스카프, 시계, 선글라스, 핀, 스타킹, 보타이 등이 있다.

액세서리의 실질적인 기능은 의상에 색상과 스타일 및 클래스를 추가하고 특정 모양을 만드는 데 있다.

| 특성

인류 초기인 원시시대에 액세서리는 주술적인 의미가 강했으며, 그 모양과 장식의 정도는 극히 단순하였다. 인간이 본능적으로 갖고 있는 미의식은 돌이나, 조개껍데기, 동물의 뼈, 짐승의 가죽을 이용해 장식하거나, 신분의 표시 또는 몸을 보호하려는 데서부터 시작되었다고 한다.

그 후 사회가 점차 발달하면서, 인간의 미의식 또한 점점 높아지고, 욕구가 커지면서 액세서리는 단순함에서 벗어나 모양과 형태가 다양해지며 발전하게 되었다. 갈수록 형태는 세분화되고 아름다운 보석과 귀금속에 대한 소유 욕구가 강해지면서, 액세서리는 부와 신분을 나타내는 척도로 사용되기 시작했다.

현대에 이르러 액세서리는 아름다움과 화려함으로 치장하고 개성을 나타내며, 장식하는 도구로 사용되면서, 패션 이미지를 새롭게 창출하는 데 꼭 필요한 소품이다. 이를 통해 머리부터 발끝까지 개성표현을 적극적으로 나타낼 수 있다는 의미에서 매우 중요한 역할을 한다.

2. 액세서리의 재료

수공예 패션액세서리의 주된 재료나 소재 또한 다양한 종류가 있으나 가장 일반적이고 대표적인 재료로는 비즈(beads)가 있다. 비즈는 고대어에서는 기도, 또는 염불에 쓰이는 '묵주 알'이나 '염주 알'에서 유래했으나 현재는 장신구와 수예품, 복식, 실내장식 등에 쓰이는 구멍이 뚫린 구슬을 말한다.

비즈의 역사는 매우 길지만 우리나라에서 주목받고 대중화된 것은 그리 오래되지 않았다. 비즈를 이용한 액세서리는 갈수록 여성들에게 많은 관심을 받으며, 그 가치를 더욱 인정받고 있는데 의상뿐만 아니라, 패션 소품, 가방, 인테리어 소품으로 다방면에서 사용되고 있다. 요즘 유행하고 있는 액세서리의 절반 이상을 차지할 만큼 비즈를 이용한 액세서리는 그 종류와 유행 패턴이 다양하고, 그 활용 범위 역시도 매우 넓고 다양하다.

비즈공예 재료

재료명	종류 및 대표 키워드
1. 크리스털(Crystal)	주판알, 축구볼, 펜던트, 플랫백, 팬시스톤, 핫픽스, 진주
2. 시드비즈(Seed Beads)	미유끼, 토호, 트라이앵글, 마가비즈, 버글비즈, 육각비즈, 쓰리컷비즈
3. 파이어 폴리쉬(Fire Polished)	축구볼, 라운드, 드롭형, 스페셜비즈
4. 원석(gemstone)	자수정, 캣츠아이, 페리도트, 오닉스, 호안석, 마노, 라피스, 아쿠아마린, 장미석
5. 진주(pearl)	핵진주, 담수진주, 천연진주
6. 리본, 레이스, 패브릭, 가죽	오간디, 공단, 면사, 가죽줄, 실크줄
7. 체인(chain), 금속(metal) 부자재	큐빅, 캡보석, 연결장식(마감)

| 크리스털(crystal)

비즈 산지로 유명한 곳은 체코의 보헤미아 지방이며, 그다음이 이탈리아의 베네치아이다. 비즈는 대부분 유리 제품이지만 그 밖에도 도제품, 석조품, 합성수지제품, 나무제품 등도 있다. 요즘은 중국산이 많이 유통되고 있으며, 일본산, 홍콩산, 대만산 등 수입된 비즈 재료들도 상대적으로 저렴한 값에 사용되고 있다.

유리 제품은 무지개 빛깔을 반사하도록 특수 금속 화학물질을 제품에 코팅하여 제품 표면에 무지개 빛깔을 내기도 한다.

이 밖에도 많은 구슬 종류가 있는데 다양한 크기와 모양, 컬러 구슬들을 생산하고 있다. 구슬 제품은 구슬을 조합하여 제작되는데 목걸이, 브로치,

팔찌, 귀고리 액세서리를 직접 만드는 오브제로 사용되어 취미활동을 하거나 상품으로 만들어진다.

중국산 크리스털 재료

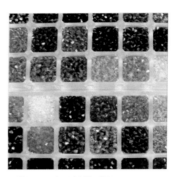
스와로브스키 크리스털 재료

중국산 크리스털 제품

스와로브스키 목걸이 완제품

| 시드 비즈(Seed Beads)

비즈 재료 중에서 가장 작은 사이즈를 가리킨다. 작디작은 씨앗(seed)에 비유하여 붙인 이름으로, 비즈공예에서 감초 같은 역할을 한다. 주생산지는 일본의 미유키, 히로시마, 토호이며 그 외 중국산이나 대만산 시드 비즈도 있다.

사이즈에 따라 보통 극소(1.4㎜), 일반(2.0㎜), 극대(2.7㎜) 비즈로 나눈다. 각각의 한쪽 면이 동글한 삼각형을 이루고 있는 정사면체 모양의 트라이앵글 비즈, 길쭉하게 생긴 모양으로 나팔의 긴 관처럼 생긴 버글 비즈, 정육면체로 중앙에 구멍이 있는 스퀘어시드, 컷팅된 면에 따라 2cut, 3cut 비즈 등 다양한 종류가 시중에 유통, 사용되고 있다.

시드비즈 재료

시드비즈 브로치

삶과 철학이 담긴 액세서리

| 파이어 폴리쉬(fire polished)

파이어 폴리쉬는 약어로 FP라고 보통 이야기하는데, 구슬의 모양에 따라서 축구볼, 라운드, 드롭형, 스페셜 비즈로 크게 나누어 볼 수 있다.

주 생산국은 체코이며, 크리스털처럼 고가의 유리 성분이 아닌, 아크릴 재질과 유사한 저가의 유리 성분을 사용하여 만든 비즈다. 크리스털 비즈가 정교하고, 반짝임이 가장 큰 특징이라면, 파이어 폴리쉬는 부드럽고, 앤틱한 느낌이 강하다.

다양한 모양과 컬러로 크리스털에 비해서 잘 깨지지 않는 장점이자, 특징을 갖고 있다.

파이어 폴리쉬 브로치

파이어 폴리쉬 목걸이

| 천연보석(Gem Stone)

지구상에는 약 3,000종의 광석이 있고, 그중 50가지 정도가 보석으로 사용된다. 천연보석이 자연석에 인공적 가미를 전혀 하지 않고 연마만 한 상태라면, 합성보석은 실험실에서 만든 천연과 동일한 화학구조로 이루어진 보석이라 할 수 있다. 모조석은 사람이 원석처럼 만든 것인데, 외관이 원석과 유사하며 주 재질은 유리나 플라스틱이 많다.

원석을 커팅하고 연마하여 만든 비즈는 너무나 많은 종류가 사용되고 있지만, 컬러에 따라 천연석을 분류하면, 빨간색의 산호, 가넷, 보라색의 자수정, 분홍색의 장미석, 연두색의 페리도트, 검은색의 오닉스, 갈색의 호안석, 호박, 무색투명한 백수정이나 문스톤, 남색의 라피스 라줄리, 파란색의 아쿠아마린 등이 있다. 천연석이 아니더라도 요즘은 기술이 좋아서 합성석이나, 모조석이 액세서리 소재로 많이 사용되고 있다.

원석재료

원석팔찌

삶과 철학이 담긴 액세서리

| 진주(Pearl)

진주는 크게 천연 진주와 양식 진주, 모조 진주로 나누어진다. 양식 진주는 해수와 담수 진주로 나뉘고 모조 진주는 핵진주라고도 한다. 그 외 스와로브스키에서 나오는 크리스털 핵진주, 플라스틱 모조 진주 등도 한 축을 이루고 있다.

일반적인 진주 액세서리로는 가격이 저렴하면서도 가볍고, 자연스러우며 일정한 모양의 모조 진주와 크리스털 핵진주가 많이 사용되고 있다.

담수 진주는 대형조개에 인공적으로 핵을 심어 담수, 혹은 민물에서 키워 양식한 진주를 말하는데, 천연 진주와 동일한 생산과정으로 만들어지기 때문에 광택과 색이 천연 진주와 유사하여, 액세서리 재료로 많이 사용된다.

진주 재료

진주 목걸이

| 리본, 레이스, 패브릭, 가죽

  수공예 패션액세서리에서 비즈와 함께 많이 사용되는 재료로는 리본, 레이스, 패브릭(fabric) 소재를 빼놓을 수 없다.

  그중에서 리본의 특징은 획일적이고 단조로운 틀을 깨고, 어느 천에나 다양한 컬러와 응용 기법으로 사용되는 3차원 입체라는 점이다. 리본은 접목할 대상물의 품격을 한층 높여주는 역할을 하는데, 독립적으로 주가 되어서 하나의 장식품으로 만들어지거나, 또 다른 소재들과의 접목을 통해서 부수적인 보조역할로 액세서리에 많이 사용되는 재료이다.

  근대 이후 현대 패션에 이르기까지 리본은 부수적인 소재로 또는 주가 되는 소재로 자리 잡았다. 이런 리본은 의상뿐만 아니라 헤어 액세서리나, 모자, 구두, 가방 등의 장신구와 인테리어 장식 등 많은 분야에서 다방면으로 사용되고, 타 재료와 접목을 통해서 발전하고 변화하는 추세이다.

레이스 목걸이

페브릭 레이스 커프스

리본 머리핀

인도 가죽줄 재료

삶과 철학이 담긴 액세서리

| 체인, 금속 부자재

금속체인과 메탈 비즈는 액세서리에 없어서는 안 될 소재이며, 재료이다. 금속체인과 부자재 재료인 은 소재는 너무 무른 성질 때문에, 순은에 7.5%의 타 금속을 합금한 것을 '스터링 실버'라고 하며 구리 황동과 함께 가장 많이 쓰이는 소재이다.

또한 주석과 아연의 합금으로 만들어진 퓨터(Pewter)가 있다. 브라스 (Brass)는 우리말로 놋쇠나, 황동이라고 부르며, 구리와 아연의 합금으로 이루어져 있다. 합금의 비율에 따라서 색상이 조금씩 달라지며 앤틱하고 터프한 느낌이 있어 어떤 종류의 비즈와도 잘 어울리면서 독특한 느낌을 만들어 내는 장점이 있다.

체인(chain) 또한 모양, 두께, 도금에 따라서 다양한 종류가 있어서 패션액세서리에도 많이 사용된다.

체인줄 재료

볼체인 목걸이

금속 부자재를 어떻게 사용하느냐에 따라서 같은 재료, 같은 모양의 액세서리라도 고급스럽고 완성도 있는 느낌, 혹은 저렴한 느낌으로 갈릴 수 있다. 그만큼 금속 부자재는 액세서리에서 매우 중요한 재료이고 잘 사용해야 한다.

흑니켈도금 체인 목걸이

칼라(collar)사슬목걸이체인

| 기타 재료

스팽글, 자개, 아크릴, 칠보, 지르코니아, 우드(wood), 뼈(bone), 와이어(wire), 퍼(fur) 등도 액세서리에 많이 사용되고 있는 대중적인 재료이다. 또한 요즘에는 IT 산업의 발달로 인해 스마트폰이나 전자제품 등의 액세서리에도 많이 쓰일 정도로 그 범위가 넓고 크다.

현대 수공예 패션액세서리의 소재와 재료는 광범위하며, 물자의 제한이 없다. 그러면서도 믹스매치를 통해서 얼마든지 다른 형태로 연출이 가능하고, 색채배합을 통해 고부가가치도 창출할 수 있다는 점에서 무시할 수 없다.

우드 목걸이

퍼밍크 머리끈

3. 액세서리 종류

액세서리는 어느 신체 부위에 하느냐에 따라 그 종류를 나눌 수 있다.

머리에 할 수 있는 대표적인 것으로는 헤어핀, 귀고리, 리본, 스카프, 모자, 비녀 등이 있다. 목 액세서리로 목걸이, 넥타이, 스카프 등이 있으며, 팔이나, 손, 손목에 할 수 있는 액세서리는 반지, 팔찌, 장갑, 손목시계, 커프스버튼 등이 있다. 또한 다리, 발, 발목에 착용하는 구두, 양말, 발찌 등이 있고 허리에 할 수 있는 벨트나, 버클, 띠 등이 있다.

그 밖에 휴대용품으로 우산, 양산, 부채, 핸드백, 손수건 등도 액세서리에 속한다고 볼 수 있다.

가죽팔찌

가죽브로치

체인목걸이

체인벨트

가죽키고리

패브릭 곱창머리끈

삶과 철학이 담긴 액세서리

가죽 & 볼체인 귀걸이   퍼브로치

4. 액세서리 소비층과 유통구조

| 소비층

 액세서리는 여성의 전유물이라고 해도 과언이 아니다. 남성은 액세서리 제품 중 커프링크와 배지, 팔찌, 휘장, 휴대전화 걸이 및 고리, 열쇠고리, 종교 목적용 등의 특수용도를 제외하고는 구매하는 제품이 거의 없기 때문이다.
 액세서리는 다음과 같이 세 소비층으로 분류할 수 있다.

구분	내용
10대 여성	10대 소비자는 호기심이 많으나 학교에서 착용 금지되어 있기 때문에 휴일과 외출 시 또는 방학 때 주로 착용한다. 자기 개성보다는 유행에 민감하게 반응하여 연예인 착용 제품을 주로 선호하며 대부분 1만원 이하의 제품을 구입한다.
20대 여성	자신의 개성을 잘 나타내기 위하여 유행에 민감하게 반응하여 제품을 구매하고, 소비층이 가장 많다. 대부분 1만원~2만원 사이의 가격대 제품을 구입하고 있다.
30~40대 여성	복장 구성의 한 요소로 생각하여 소비가 많이 이루어지는 계층은 아니나 대부분 2만원~5만원(2023년 가격) 정도 가격대의 제품을 구입하고 있다.

| 유통구조

판매 점포는 크게 점포형과 무점포형으로 나뉘며, 점포형은 다시 백화점, 전문점, 대리점, 할인점, 양판점, 재래시장 등으로 나뉘고, 무점포형은 통신판매, TV홈쇼핑, 온라인과 디지털 플랫폼 등으로 나뉜다.

5. 액세서리 산업 시대별 변화

구분	연대	특징	흐름	1인당 국민소득
1	1970년대	1. 도입기 2. 관광객 증가로 수출과 대량생산	1. 1970년대 초 일본에서 스틸체인 기계를 도입하여 1974년 삼영금속이 설립되고 처음 약 50만 불 수출 시작 2. 1970년 중후반 삼영금속 설립 이후, 유미무역, 풍원, 유미체인, 다산금속, 유신쥬얼리를 중심으로 가내수공업 하청업체 성황	−254달러 (1970년) −1,676달러 (1979년)
2	1980년대	1. 86, 88년 아시안게임, 올림픽을 거치며 국민소득 증가로 액세서리 수요 폭증 2. 80~90년대까지 세계 1위 생산국	1. 다품종 소량생산시대 2. 88~96년 최대 호황기로 수출 80%, 내수 20% 3. 88올림픽 이후 도금 관련 오폐수 처리시설 설치와 도금허가 필수	−1,645달러 (1980년) −5,418달러 (1989년)
3	1990년대	1. 90년대 중반 인건비 상승과 사회적 변화로 가내수공업과 부업 여건 악화 2. 중국으로 생산기반 이전과 산업 쇠퇴	1. 쌈지와 현대액세서리학원 kofac 공모전 시행으로 디자인 발전 계기 2. 97년 IMF 이전까지 최대 호황기를 지나 점차 액세서리 산업 하향 추세	−9,438불 (1990년) −6,147달러 (1999년)
4	2000년대	액세서리 생산시설 중국 청도로 이전	수출과 내수 산업 쇠퇴	−10,841달러 (2000년) −17,041달러 (2009년)
5	2010년대	액세서리 산업 사양화	동대문시장의 의류 활성화와 DIY류의 액세서리 상품 등장으로 액세서리 상권이 동대문시장으로 이전된 느낌	−20,567달러 (2010년) 32,204달러 (2019년)
6	2020년대	액세서리 산업 사양화	온라인 플랫폼 회사 액세서리 판매로 시장 하향세	−31,888달러 (2020년)

6. 액세서리 국내 유통과 판매상가

| 유통 형태

우리나라 통계청에서 발행하는 사업체 기초통계조사보고서의 한국표준산업분류 도매 및 소매업에서는 별도로 액세서리 도소매업에 관한 사항이 분류되어 있지 않다.

이 때문에 공식적인 판매업체 수를 파악하기 어려우나 서울 남대문시장에 도소매 전문상가가 약 20개가 형성되어 전국의 선물용품점, 노점상, 팬시점, 관광지, 전문점, 백화점 등에 공급하고 있다.

몇몇 생산업체에서 직영하는 판매점도 있으나 판매는 대부분 개인 업체에서 이뤄지며 이들 업체는 6.6㎡~9.9㎡(2~3평) 크기의 점포에서 5명 이하의 인력으로 운영되고 있다. 대부분 도소매 업체는 생산업체에서 공급받은 제품으로 오전에는 도매를, 오후에는 도소매를 하고 있다.

액세서리의 소매 형태는 별도의 전문점, 선물용품점, 팬시점, 노점상 등과 관광지, 특히 명동, 홍대, 성수동, 한남동 등 편집숍과 양품점, 백화점의 생활용품 코너, 화장품과 귀금속 코너에서 판매되고 있다.

최근에는 홈쇼핑업체 그리고 네이버, 쿠팡, 무신사, W컨셉, 29cm, 지그재그 등 온라인몰에서 패션액세서리 판매를 하고 있다. 빠르고 편리한 온라인 플랫폼 중심의 유통형태가 요즘 대세이다.

| 국내 액세서리 상가 현황

시장	액세서리 상가	상가별(대략) 점포수	상가별 상품특징
동대문	동대문종합시장 5F	600~700	수많은 품종의 다양하고 독특한 액세서리, DIY 재료 및 완제품
남대문	남문	145	목걸이, 팔찌, 귀걸이, 브로치, 가방, 가발, 머플러 등
	남정	완제품 300	액세서리 완제품 도매 상가(1F, 2F, 3F)
		부자재 200	액세서리 부자재 상가 (B1, 4F, 5F, 6F)
	대도쥬얼리	165	은 제품과 모조 진주 제품, 액세서리, 금속 장신구, 모자, 우산, 공예품, 잡화 등
	랭땅	130	은 제품과 캐스팅제품, 목걸이, 귀걸이, 팔찌, 금속 장신구 등
	원 랭땅	124	브로치, 열쇠고리, 목걸이, 귀걸이, 팔찌 등 액세서리 제품
	삼호우주	300	1층~지상 2층까지는 일반 액세서리, 3층에는 실버주얼리, 4층에는 천연석 도매, 귀금속 도매
	연세	124	성인 헤어 액세서리, 아동 액세서리, 액세서리 및 잡화 품목
	유성	240	금속소재 귀걸이, 브로치, 키고리, 키링, 핸드폰액세서리 헤어액세서리
	장안	200	주 품목: 헤어액세서리/내수 생산 집게핀, 가방, 귀걸이, 브로치
	쥬얼파크	126	트렌디한 제품과 목걸이, 귀걸이, 피어싱, 큐빅제품, 반지, 브로치, 실버제품
	코코	200	안경, 스카프, 큐빅 헤어액세서리, 자동핀, 아크릴 집게, 머리끈, 액세서리 잡화

* 2024년 6월 현재(자료제공: 남대문시장 상인회/동대문종합시장 관리영업부)

| 상가별 상품특징

° 동대문종합시장 5층

　수많은 사람들이 찾는 동대문과 동대문종합시장 5층은 일일 유동 인구가 150만 명이고 연간 500만 명의 외국인이 찾는다. 31개 대형상가를 중심으로 약 65,000개의 점포가 운영되며 25만 개의 일자리를 창출하고 있다. 수공예 액세서리, DIY 재료와 완제품은 동대문종합시장 5층을 통해 유통된다. 이 때문에 수많은 품종의 다양하고 독특한 액세서리 재료들과 디자인 완제품들을 비교적 저렴한 가격에 구입할 수 있어 패션 소품과 액세서리 주얼리 등에 관심 있는 많은 사람이 찾는 곳이다.

° 남대문시장 액세서리 상가

　세계에서 유일한 패션액세서리 시장으로 매장 숫자만도 대략 3,000여 개로 최대규모를 자랑한다. 수출, 생산, 유통, 판매를 전문으로 하는 같은 업종이 모여있는 액세서리 전문 도매상가이며 패션과 디자인 유형에 따라 종류는 매우 다양하다. 남대문 액세서리 상가의 경쟁력은 전 세계로 수출도 하고, 전국의 액세서리 전문 매장에 제품을 공급하는 데 있다.

° 남문액세서리

　남문액세서리상가는 E동 대도상가 2층 중 건평 400여 평에 145개의 점포를 가지고 있다. 1985년 오픈하여 오랜 노하우를 바탕으로 현대화를 추진했다. 대대적 리노베이션으로 재래시장의 낙후된 이미지를 벗고 현대적 분위기의 남문액세서리만의 새로운 로고와 상가 조성으로 경쟁력을 강화시켰다. 취급 품목은 목걸이, 팔찌, 귀걸이, 브로치, 가방, 가발, 머플러 등이 있다. (남문액세서리상가 운영회 김은영님)

° 남정액세서리 상가

남정상가는 중국 소매상들과 국내 소매상들이 선호한다. 남정상가의 또다른 특징은 많은 도매 재료상이 운집해 있다는 점이다. 1987년 완공된 액세서리 완제품 및 액세서리 부자재 상가를 개장하여 30여 년 역사를 자랑하며 국내 최대의 액세서리 전문 도매상가로 발전했다. 주문생산을 통한 새로운 디자인 및 생산이 가능하다. 1층~3층은 액세서리 완제품 도매상가이며 지하와 4층~6층은 액세서리 부자재 상가이다.

° 대도쥬얼리

20대~30대 여성들을 대상으로 한 실버 주얼리, 액세서리, 양말, 우산, 모자, 공예품 등 잡화 제품들이 많다. 완제품을 사업할 수 있는 도매시장이다. 2024년 8월부터 대도쥬얼리만의 현대적 분위기가 나는 간판공사를 시작으로 새로운 상가 조성과 경쟁력을 강화했다. (대도쥬얼리상가 운영회 회장 최진호)

° 랭땅액세서리

랭땅액세서리는 도매 판매가 원칙이다. 대부분 매장들은 자체 공장을 갖고 있고 대량생산 판매로 시중보다 저렴하다. 은 제품과 모조 진주 제품, 금속 장신구 등 액세서리 품목이 매우 다양하다. 랭땅액세서리상가는 캐스팅 제품이 강세를 이룬다. 렝땅상가는 중동 바이어나 내수 도매상들이 선호한

다. (랭땅액세서리상가 운영회 정강아님)

° **원랭땅액세서리**

원랭땅액세서리는 도매 판매가 원칙이지만 상가에 따라서는 소매 판매도 하고 있다. 대부분 매장들은 자체 공장을 통해 대량생산 체계를 갖추고 판매함으로써 시중보다 가격대가 낮다. 은 제품과 모조진주 제품 등도 취급하며 액세서리 품목이 매우 다양하지만, 브로치 열쇠고리, 핸드폰 액세서리 등 캐스팅 제품이 강세를 이룬다. 원랭땅상가는 중동 바이어나 말레이시아, 내수 도소매상들이 선호한다. (원랭땅액세서리상가 운영회 김미영님)

° **삼호우주상가**

2005년 삼호상가와 우주상가가 통합돼 남대문시장에서 가장 큰 액세서리 종합상가가 탄생했다. 국내 소매상과 일본 바이어들이 선호하는 상가이다.

삼호우주상가는 지하 1층~지상 2층까지는 일반 액세서리들을 취급하고 3층에는 실버 주얼리를 판매한다. 4층에는 천연석 도매, 귀금속 도매 업체들이 입점해 있고 완제품과 부자재를 판매한다. 상가 내에 수리센터를 운영하고 있으며 신속한 A/S가 가능한 점도 특징이다. (삼호우주액세서리상가 정해오 이사님)

° **연세상가**

총 124개의 점포로 성인 헤어액세서리, 아동 액세서리가 강세이며 액세서리 및 잡화 품목으로 나누어져 생산·도매·소매를 겸하고 있다. (연세액세서리상가 운영회 윤소희님)

° 유성상가

40여 년의 오랜 역사를 자랑하는 유성상가는 금속소재의 귀걸이, 목걸이와 원단 소재의 헤어액세사리 제품을 생산한다. 핸드메이드 제품으로 국내에서 제작한다. 키고리, 키링, 핸드폰액세서리, 브로치 제품이 요즘 핫한 아이템이다. (유성액세서리상가 운영회 유종설님)

° 장안상가

오랜 역사의 장안상가는 주 품목이 원단으로 제작한 헤어액세서리로 헤어밴드 및 헤어핀, 집게핀, 가방, 귀걸이, 브로치 등 모두 핸드메이드 제품을 취급하며 주로 국내 생산 위주이다. (장안액세서리상가 번영회 임희정님)

° 쥬얼파크

17년 전통의 쥬얼파크는 중동 바이어나 내수 도매상들이 선호한다. 20대~30대 여성들의 트렌디한 액세서리 제품, 목걸이, 귀걸이, 팔찌, 반지, 피어싱, 브로치, 큐빅액세서리와 실버 주얼리 제품들이 많다. 완제품을 사입할 수 있는 도매시장이다. (쥬얼파크액세서리상가 운영회 오정세님)

° 코코상가

남대문시장 액세서리 상권 내 위치, 89개 점포로 건물 전용면적 216평이다. 액세서리 잡화, 스카프, 큐빅, 헤어액세서리, 아크릴집게, 머리끈, 자동핀, 실핀 등 중국제품 종류 등을 취급한다. 지하 1층 안경, 지하 2층 명품구제가 입점해 있고, 1~4층은 액세서리 상가이다. 5~7층은 액세서리 창고 겸 테라스(상인들의 휴식 공간)로 사용한다. (코코액세서리상가 운영회 김금숙님)

동대문종합시장 상가

남문상가

남정상가

대도쥬얼리상가

랭땅, 원랭땅상가

삼호우주상가

연세상가

유성상가

장안상가

쥬얼파크상가

코코상가

삶과 철학이 담긴 액세서리

7. 액세서리-모조장신구(HSK 7117) 수출입 현황

| 1997~2022년 연도별 수출·수입실적

단위: 천달러, HSK7117   — 수입   — 수출

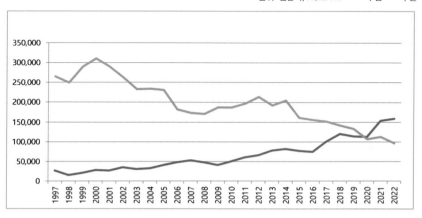

출처: 한국무역협회

연도	수입	수출	연도	수입	수출
1997	26,711	265,001	2003	30,396	232,323
1998	15,169	248,987	2004	32,652	233,504
1999	20,702	289,349	2005	40,595	230,489
2000	27,807	310,411	2006	47,814	182,263
2001	26,632	290,097	2007	52,716	173,721
2002	35,133	262,670	2008	47,373	171,001

연도	수입	수출	연도	수입	수출
2009	40,931	187,641	2016	74,599	155,949
2010	50,229	187,288	2017	100,825	151,808
2011	60,501	196,987	2018	120,347	141,698
2012	66,159	213,670	2019	114,082	132,858
2013	77,994	192,493	2020	112,587	106,692
2014	81,944	204,641	2021	153,817	112,675
2015	76,901	161,483	2022	159,159	96,524

출처: 한국무역협회

| 분석

- 액세서리 수출 산업은 1997~1998년 IMF 기간에 2억4천만 달러로 하강
  하다가 1999년부터 반등하여 2000년 3억천만 달러로 정점을 찍었다.
- 2000년 이후 계속 하강하여 2008년 1억7천만 달러를 저점으로 다시 완
  만히 상승하여 2012년 2억천만 달러로 상승하였다.
- 이후 계속 하강하여 2022년에는 9천6백만 달러를 기록하여 완전히 쇠락
  하는 산업 양상을 보인다.
- 또한 2020년에는 수출 1억 달러, 수입 1억천만 달러를 기록하여 수출과
  수입이 역전되었는데 이후 그 격차는 점점 더 벌어지는 추세를 보인다.
- 2000년 이후 인건비가 저렴한 중국으로 액세서리 사업체들이 이전하면
  서 수출입 역전이 나타나고 이런 경향이 심화되고 있음을 보여준다.

삶과 철학이 담긴 액세서리

- 우리나라의 우수한 디자인 능력을 살려 패션액세서리 제품의 고급화를 지향한다.
- 디자인 개발, 소재 개발로 품질의 고급화를 이룬다.
- 과거 생산 위주에서 벗어나 브랜딩 기획과 디자인 산업으로 발돋움해 나가야 할 것으로 판단된다.

8. 액세서리 교육과 공모전

| 1980년대 공예 강좌에서 대학의 전문 학과 개설까지

1980년대에 들어서서 직접 체험하고 배우는 기회가 증가함에 따라 각종 문화시설에서 공예 강좌들이 인기를 끌었다. 이러한 경향은 산업화하고 획일화된 공산품이나 생활용품에 대한 의존을 줄이고 직접 제작하여 감성을 자극하는 DIY(Do-It-Yourself) 분위기가 사회 전반으로 확산했기 때문이라고 생각된다.

DIY의 근원은 1970년대 물량주의가 팽배하던 세태에 반대하며, 자연으로의 회귀를 주장하는 움직임에서 나왔다고 할 수 있다. 이렇게 태동한

DIY는 생활에 필요한 물건을 자신들이 직접 만들어 사용함으로써 자연주의적 삶을 즐기고 자신의 감성과 성취감을 충족시킨다. 솜씨 있는 사람들은 직접 본인이 만든 것을 사용하는 것에 그치지 않고, 독립심과 자생력을 가지고 자신의 공예품을 선물가게, 백화점에 납품하고 판매로 이어가고 있기도 하다.

이 같은 인기에 힘입어 소규모 공방 창업이나, 여성 등이 창업한 개인 사업체 형태도 많아졌다. 취미로 배운 것이 확대되어 부업이 되고, 그 부업이 창업, 사업으로 확장되는 일을 주위에서도 쉽게 찾아볼 수 있다. 그중 비즈나 원석(gemstone) 구슬들을 주재료로 이용한 액세서리 만들기가 특히 널리 보급되었다.

이런 사회적인 변화로 여성부 산하 전국여성인력개발센터 등에서는 주부 등 여성들이 배울 수 있는 다양한 수공예 관련 취미 강좌가 개설되어 있으며, 백화점, 지역 주민센터 등에도 수공예 외 다양한 종류의 강좌가 준비되어 있다. 대학들에서도 산학협력을 강화하고 실질적으로 취업과도 연계될 수 있는 실용성 위주의 과, 즉 패션액세서리디자인과 액세서리공예디자인과, 패션주얼리과, 시계주얼리과 같은 학과를 개설하여 보다 더 전문화하고 세분화시켰다.

| 백화점 문화센터의 액세서리 DIY(Do-It-Yourself) 강의

Crystal Beads Art를 널리 보급하기 위한 목적으로 현대액세서리산업디자인학원 부설로 2002년 B.O.K Design House를 설립하였다. B.O.K Design

삶과 철학이 담긴 액세서리

House에서는 전문 아티스트를 양성하는 전문 프로그램을 개발하여 교육하고, 일정 수준 이상의 자격을 갖춘 사람들에게 '인증서'를 부여했다.

이러한 인증서를 가진 사람들은 아티스트로서 강좌 개최가 가능하였으며, B.O.K Design House에서 제공하는 각종 서비스를 제공받을 수 있었다. 자격증을 받은 강사 김영아, 노현정, 박경숙, 이지연, 이희자, 송주란, 정혜은, 허상주, 신은주, 이해정, 최혜정 등 많은 강사들은 현대, 롯데, 신세계, 뉴코아, 삼성플라자 등 전국 단위의 백화점 문화센터에서 액세서리 DIY 강의를 하였다.

| 현대액세서리산업디자인학원

액세서리 교육과 관련하여 현대액세서리산업디자인학원은 국내에서 최초로 개설한 유일한 액세서리학원이었다. 학원에서는 업계(특히 중소규모의 업체)와 산학 협동 관계를 정립시킨 교육을 했다. 유행이나 디자인의 본고장인 남대문에 매장을 개설하여 생생한 현장의 소리를 바탕으로 실제 현장 경험 및 트렌드를 분석하여 학생들에게 디자인 교육을 실시했다.

현대액세서리산업디자인학원의 전신은 1989년에 개설된 박옥경액세서리스쿨이다. 3호점까지 개설한 박옥경액세서리스쿨에서는 액세서리 교육 과정만을 운영하다가 액세서리, 구두, 핸드백 등 패션 소품을 포함하는 토털 교육 과정으로 커리큘럼을 바꾸었다. 그러면서 세 곳의 박옥경액세서리스쿨을 압구정동 현대액세서리산업디자인학원(HADA, Hyuadai Accessory Design Academy)으로 통합하여 2009년까지 운영하였다.

HADA는 1989년부터 2009년까지 20년간 2만여 명 이상의 현 업계 디자이너를 배출해낸 우리나라 독보적인 액세서리디자인 학원이었다. 특히 산학협력 교육으로 높은 취업률을 자랑했고 업계에 명성을 이어왔다.

| 공모전

한국 패션액세서리디자인 공모전은 1~6회까지 진행(1997년~2003년)되었다.
KOFAC(Korea Fashion Accessory Design Contest) 공모전을 계기로 창업가 탄생, 입상자 전원 취업 등의 계기가 되었으며 해외 유학생 참여로 해외 홍보가 이루어지기도 하였다.
런던, 파리, 뉴욕, 이탈리아, 일본 등의 세계 유명 디자인학교를 대상으로 참신한 인재 발굴과 등용을 위해 여러 디자인공모전을 후원하는 오스트리아 스와로브스키 본사에서는 한국 최초로 현대액세서리산업디자인학원이 주최하는 제3회 KOFAC(1999년) 공모전에 1억 원 넘게 후원하기도 하였다.

° 국내 공모전

	공모전 명칭	기간	주최
1	쌈지토털 액세서리 공모전 1회~5회	1993년-1997년	레더데코 쌈지
2	제6회 비제바노 웨딩슈즈 공모전	1997년-2003년	(주)비제바노
3	한국 패션액세서리디자인 공모전 (KOFAC, Korea Fashion Accessory Design Contest) 1회~6회	1997-2003년	HADA (현대액세서리산업디자인학원)
4	제1회 삼성전자 옙 액세서리디자인 공모전	2007년 2월	삼성전자
5	패션액세서리디자인 공모전	2016년 12월	남대문액세서리협동조합
6	한국패션텍스타일 액세서리디자인 컨테스트	2019년 12월	한국섬유패션산학협회
7	과학문화콘테스트 페스타 공모전	2021년 9월	과학기술정보통신부/ 한국과학창의재단
8	제1회 시몬느핸드백 박물관아트 상품디자인 공모전	2018년 8월	시몬느핸드백 박물관

° 국외 공모전

1	리네아 펠레 신인 디자이너대회	1997년 6월 5일	이탈리아 피혁 종합 전시

2장

창업과 도전

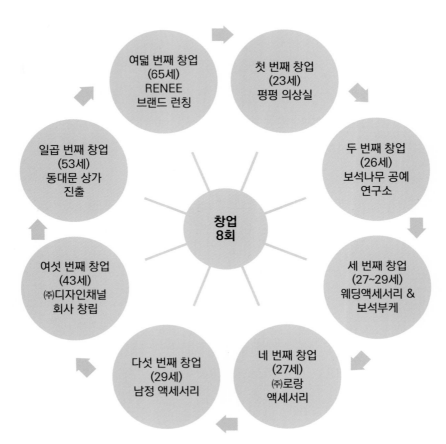

삶과 철학이 담긴 액세서리

1. 첫 번째 창업, 펑펑의상실

: 1980년, 23~26세

| 무모한 패션 창업 도전과 전시회

자유롭고 아름다운 인생을 살기 위해 직장생활보다는 하고 싶었던 사업을 하기로 결정했다. 그때가 20대 초반이었다. 사업자금을 많이 들이지 않아도 나만의 아이디어로 충분히 해나갈 수 있다는 자신감으로 명동에서 의상실을 열었다. 그러나 현실은 녹록지 않았고 결과는 무모한 도전의 실패였다.

더 이상 의상실 경영이 어려워 1983년 7월 결혼을 앞두고 폐업하기로 결정했다. 의상실 문을 닫기 전 그때까지 취미생활로 만들어왔던 보석나무 공예작품 전시회를 명동 펑펑의상실에서 열었다. 생각지도 못했는데 전시회 반응은 뜨거웠고, 자고 일어나니 나는 유명인이 되어 있었다.

| 창업 계기

20대 초반, 나는 멋 내기와 운동에 관심을 두고 있었고, 손으로 만드는 것을 좋아했다. 평이한 일상은 따분하게만 느껴져 모험과 변화와 재미, 그리고 아름다운 삶을 갈망하며 뭐든 하려고 했다. 두려움이나 망설임 없이 무작정 펑펑의상실 사업에 뛰어든 것도 나의 이런 갈망 때문이었다. 사업이 펑펑 잘될 것이라는 막연한 기대에 부풀어 용감하게 도전한 창업이었다.

| 창업하기도 전에 맛본 쓰디쓴 현실

꽃다운 나이에 의욕이 충만했던 나는 50만 원(현재가치로 500만 정도)의 사업자금을 과감하게 투자하고 명동에서 의상실 사업을 시작했다. 그 사업자금은 보수적이며 엄하고 완고하셨던 아버지에게서 힘들게 얻어냈다. "여자란 남편 그늘에서 살아야 행복하다"라고 늘 강조하시는 아버지를 설득하기란 쉬운 일이 아니었다.

은행원이셨던 아버지는 돈에 관해서도 철저하셨고, 그에 관한 가르침을 말씀하시곤 했다.

"은행 이자는 잠도 안 잔다. 보증은 절대 서지 마라. 돈을 주고받을 때는 영수증 꼭 챙겨라."

아버지의 그런 말씀을 귀에 못이 박히게 들었으면서도 사업을 시작할 때는 까맣게 잊고 있었다. 의상실을 시작하기도 전에 정말 힘들게 얻어낸 사업자금 50만 원을 한순간에 날려버릴 위기에 처한 것이다.

어느 날 친구 언니가 공부하기 위해 미국 유학을 떠난다고 하였다. 마침 그 언니가 하던 의상실이 있어서 그걸 인수하는 조건으로 아버지에게 얻은 보증금 50만원을 건네주었다. 경험도 없고 순수했던 20대의 나는 친한 친구 언니라는 이유 하나만으로 바보처럼 계약서나 영수증도 받지 않았다. 그 언니는 의상실 보증금 50만 원을 받고 난 후 태도가 돌변하였다. 나에게 돈을 받은 적이 없다고 거짓말을 하며 딱 잡아떼는 것이었다.

나는 하늘이 무너져 내린 기분이었다. 그 언니에게 사정하고 매달리는 방법밖에 없었다.

"내가 목숨 걸고 평생직업으로 택한 이 사업을 시작도 못 해본 채 좌절한

삶과 철학이 담긴 액세서리

다면 난 죽은 목숨이나 마찬가지입니다."

한 달을 집요하게 친구 언니를 찾아다니며 사정하고 또 사정하였다. 이 돈을 얻기 위해 얼마나 힘들고 어렵게 아버지를 설득했는지 모른다면서 그 언니에게 눈물로 간절히 호소하며 되돌려 달라고 하였다.

나의 계속된 통사정에 그 언니는 돈을 받고 싶으면 다음 날 아버지를 모시고 오라고 하였다. 다음 날 나는 아버지에게 사실을 말하고 그 언니에게 모시고 갔다. 그 언니는 아버지를 만나서 이렇게 말하며 50만 원을 아버지에게 돌려주었다.

"이혼하고 혼자 아들 키우며 살다 보니 힘들어서 거짓말을 했습니다. 죄송합니다. 따님을 대해 보니 야무진 게 밀어주시면 분명히 크게 성공할 것입니다."

'무식이 힘이다'라는 식으로 밀어붙이며 시작하기도 전에 쓰디쓴 경험을 한 나는 다시는 같은 실수를 하지 않겠다고 다짐하고 또 다짐하는 계기가 되었다. 사업이 얼마나 힘들고 어려운 것인지 처음부터 깨닫게 된 것이었다.

| 자산이 된 실패

첫 번째 사업인 명동에서의 평평의상실은 참담한 실패로 끝이 났다. 그러나 젊은 날의 실패는 인생을 좀 더 풍요롭게 하는 자산이 되었다. 또한 새로운 영역으로 진출하는 데 필요한 용기와 힘을 주었다.

직접 만든 공작 드레스 의상작품
(미스코리아 선발대회 미스충북)

펑펑의상실

1980년 펑펑의상실(가봉 준비 모습)

펑펑의상실

삶과 철학이 담긴 액세서리

2. 보석나무공예연구소

: 1983년, 26~29세

| 뜨거운 반응으로 시작한 보석나무연구소

작은 전시회 하나가 인생의 새로운 전환점이 되었다. 전시회의 뜨거운 반응이 신문·방송에 보도되면서 나는 스타가 된 기분이었다. 언론에서 소식을 접한 사람들이 나에게 배우겠다고 아우성이었다. 전국에서 몰려드는 수강생들 때문에 나는 명동 펑펑의상실을 접고 1983년 충무로 4가 대한극장 빌딩에 박옥경 보석나무연구소를 열었다.

그 후 나는 1983년 직접 만든 웨딩드레스와 보석부케로 결혼식을 올렸다. 이 보석부케가 우연히 방송과 사람들에게 알려지면서 예식 관련 업계의 문의와 관심이 이어졌고, 1984년에는 웨딩액세서리 & 보석부케 사업마저 시작하게 되었다.

| 밀려드는 수강생과 연구소를 통한 공예교육

예상을 뛰어넘은 전시회 반응은 신문·방송에 소개되었다. 언론에서 이를 본 사람들이 보석나무공예를 배우겠다며 전국 각지에서 밀려들었다. 나는 서울 중구 충무로 대한극장 빌딩 5층에 박옥경 보석나무연구소를 열어 이들을 가르치기 시작했다.

연구소에서는 보석나무공예뿐만 아니라 구슬공예까지 확장하여 교육하였다. 정규교육 외 수시로 특강과 전시회를 진행했다.

새로운 취미와 일거리를 제공

젊은 시절에 겪은 명동 의상실 사업 실패는 이후 내가 계속 사업을 하고 성장하는 데 소중한 자양분이 되었다. 제2, 제3 창업을 하면서 늘 이 쓰디쓴 경험을 복기하며 새 사업을 계획하고 운영하니 실수를 줄이고 실패를 반복하지 않을 수 있었다. 첫 사업의 실패와 이후 여러 번의 창업이 지금까지 내가 사업하는 원동력이 되었다고 해도 과언이 아니다.

나의 보석나무공예는 우리나라 여성들에게 취미와 새로운 일거리(부업)를 제공하는 역할을 하였다. 나는 이를 교육사업으로 확장하였고 이 교육은 관련 전공을 하는 젊은이들은 물론 액세서리 업계로부터 좋은 평가를 받았다. 지금까지 해본 여러 사업 영역 중 교육사업이 특히 사람들을 이롭게 하는 일이며 보람 있는 일이라 생각한다.

전문직업교육의 바탕이 된 공예교육

보석나무공예의 시작은 나의 취미생활이었다. 하지만 취미에 머무르지 않고 확장되어 공예교육, 강의, 보석나무공예연구소 활동 등으로 이어졌다. 또한 이는 후일 전문직업교육으로 발전하는 바탕이 되어 패션액세서리 디자인 교육으로 나아갔다. 교육생 배출은 관련 산업 발전에 기여하기도 했다.

한편으로 전문직업 교육사업은 오랜 기간 지속 가능한 경쟁력을 가지고 있는 반면, 취미생활 교육은 일시적 유행이라는 특성으로 인해 지속해서 유지하기에 어려움이 있다는 사실을 알 수 있었다.

| 활동 이모저모

° **전시회**
  · 1985년 5월 9일 보석나무연구소-중구 충무로 4가 125 대한극장 빌딩
  · 제1회 보석나무연구소 연구생 작품 전시회 초대장-남산 리라공업학교 여학생실 (리라초등학교 옆)

° **방송**
  · 1984년 2월~4월, KBS TV <여성백과> 매주 수요일 오전 8시 45분(20분간) 3개월 간 출연
  · 1984년 7월 21일(토) KBS TV <차인태 아침 살롱> - 취미를 부업으로, 돈도 벌고 시간도 벌고(대한극장 빌딩 5F)

° **신문, 잡지**
  · 1984년 KBS 『여성백과』 2월호 외 11건 「보석나무 제1주 2월 1일(수) 보석나무 기본」
  · 1986년 10월호 『귀금속과 보석』 외 3건 「보석나무공예(보석 옷을 차려입은 보석나무)」

· 1985년 10월 6일 월간 리빙뉴스 외 기타 5건 「보석을 이용한 아름다운 소품」

° 특강

· 1984년 7~9월-동아일보의 문화 활동 '동아문화센터, 보석나무 특강'

· 1984년, 4월, 6일 외 3건 '익산 원광대학교, 보석 나무특강'

· 1984년 4월, 26일 외 1건 '동구여자상업고등학교, 보석나무 특강'

· October 1985 12-31 11-9- beadcraft by Mrs Park Ok Kyong Moyer Art & Crafts

Center '미8군 아트 크라프트센타-보석나무 5년 특강'

° 사진

1984년 7~9월 동아일보의 문화활동(동아문화센터) 보석나무 특강 1

삶과 철학이 담긴 액세서리

1985년 11월 24일 한국방송통신대학교 보석나무공예 특강

October 1985 12-31 11-9 −12-31 Moyer Art & Crafts Center-미8군(아트 크래 프트센타 −보석나무 5년 특강)

Moyer Art & Crafts Center 1985년 bead's Craft(구슬공예)

1984년 2~4월 <여성백과> 출연 KBS TV 1

1984년, 4월, 6일 익산 원광대학교, 보석나무 특강

1984년 4월, 26일 동구여자상업고등학교, 보석나무 특강

삶과 철학이 담긴 액세서리

3. 웨딩액세서리 & 보석부케

: 1984년, 27~29세

| 보석부케 show show

결혼하고 나면 남는 건 사진뿐이라고들 한다. 물론 웨딩드레스도 그중 하나가 될 수 있지만 드레스 비용은 결혼하는 사람에게는 꽤 큰 부담이다. 순백의 웨딩드레스를 입고 드는 보석부케는 영롱한 빛을 아름답게 발하여 신부를 더욱 빛내주지만 드레스보다 비교적 적은 비용이 든다는 장점이 있다. 보석부케는 영원한 사랑을 의미하며 결혼 후 평생 남아 찬란했던 기억을 생생하게 간직할 수 있게 한다.

| 창업으로 이어진 내 결혼식의 보석부케

1983년 직접 만든 웨딩드레스와 보석부케로 나는 결혼식을 올렸다. 결혼식의 아름다운 기억을 생생하게 간직하려고 만든 나만의 보석부케가 우연히 사람들에게 알려지게 되었다.

1984년 2월 KBS 2TV 〈여성백과〉에 내가 출연하면서 보석부케는 전국으로 방송되어 알려지게 되었다. 예식 관련 업계의 문의와 높은 관심이 쏟아졌고 결국 내가 창업하는 것으로 이어졌다.

| 예술성 있는 공예작품

보석부케는 종전의 생화 또는 조화로 만든 부케의 일시성이라는 단점을 보완하여 영구적으로 간직할 수 있다. 보석부케 제작은 크리스털, 백수정, 장미 수정, 구슬 등 여러 소재를 이용하여 금, 은 도금이 된 가는 철사에 일일이 꿰어 손으로 하나하나 섬세하게 비틀고 꼬아 이뤄진다. 이렇게 함으로써 보석부케 디자인의 활용 범위를 넓혔다.

보석부케는 보석과 구슬을 이용하므로 그 빛깔이 영원히 변치 않아 오랜 기간 간직할 수 있다. 또 빛을 받으면 영롱하고 찬란한 보석 고유의 고급스러움과 우아함이 어우러져 장식적인 효과도 높일 수 있다. 이러한 보석부케는 예술성을 지닌 수제 공예작품으로 평가받았다.

| 새로운 보석부케 문화를 만들다

부케(꽃다발)를 선물하는 풍습은 기원전 3000년 전부터 행하여졌다고 한다. 고대 그리스의 벽화에 부케와 코르사주가 그려진 걸 볼 때 오랜 역사를 알 수 있다. 현재는 결혼식 당일 신랑이 사랑의 증표로 신부에게 부케를 선물하고 있다.

준보석을 이용하여 만든 보석부케와 웨딩액세서리 제작 사업 등을 함으로써 새롭고 화려한 보석부케 문화산업이 전파되었다.

| 큰 관심에도 대량생산의 어려움과 대중화에 한계

　기존 생화 부케를 조화 대신 빛나는 보석으로 대체한 보석부케는 평생 소장의 가치를 지니면서 소중한 결혼기념일을 기억할 수 있게 한다. 이런 특징의 보석부케는 이후 전국 예식장과 웨딩숍에서 보석부케 & 화관 혹은 웨딩 액세서리로 대여되거나 판매되고 있다.

　보석부케는 커다란 관심에도 불구하고 '손맛'나는 핸드크래프트이다보니 소재에 따라 가격 차이가 있고 대량생산이 어렵다는 문제가 따른다. 또 고급스러운 보석인 경우 높은 가격 탓에 소비시장의 한계가 있어 대중화하는 데도 여러 어려움이 있었다.

| 활동 이모저모

° **신문**
　· 1985년 4월호(3Page) 『월간 멋』 외 2건 「신부의 파트너/보석부케와 장신구」

° **방송**
　· KBS 제2 TV <여성백과> 보석부케 출연 - 1984년 2월 29(수) 오전 8시 45분(20분간), 3월 7일(수)오전 8시 45분(20분간)

° 사진

1984년 7월 10일 여의도백화점 보석부케매장 전시판매

보석나무&보석부케 상설전시장-일본인 제자와 함께(이가라시 도시꼬 상)

삶과 철학이 담긴 액세서리

부석부케 카탈로그

1984년 롯데호텔 크리스탈볼룸 show show

1885년 4월 동아일보 『멋』잡지 보석부케와 장신구 1

『멋』잡지 보석부케와 장신구 2

1998년 10월 태평양화학주식회사(코리아나 가족 화보
잡지, 진주 화관 장식모델 채시라)

1984년 3월 태평양화학주식회사 보석 다이아몬드 부케와
보석 화관(결혼식, 웨딩 & 헤어스타일 표지모델 최화정)

4. ㈜로랑액세서리

: 1984년, 27세~29세

| 만화책으로 액세서리 디자인? 또 다른 변신 시도

어느 날 남대문 업체의 한 사장으로부터 일본에서 액세서리를 수입하여 판매하는 바이어를 소개받게 되었다. 일본 바이어는 나에게 디자인을 의뢰했고 생산을 제안했다. 그 후 충무로 필동에 ㈜로랑액세서리(생산·제조·수출)를 설립하여 전량 일본으로 수출하였다. 취미 공예교육, 강의, 보석나무공예연구소 활동과 패션액세서리 업체로부터 의뢰받았던 경험이 있다 보니 어렵지 않게 디자인할 수 있었다.

| 일본 바이어의 제안과 로랑 설립

국내에서 나는 구슬공예가, 보석나무연구가로 알려져 있어 보석나무연구소 운영을 하면서 외부특강(문화센터 2개 강좌, 하이패션액세서리와 칠보액세서리)도 다수 맡고 있었다. 또한 수출업체나 하이패션 의류업체에서 의뢰받은 액세서리 디자인을 하거나 생산을 하여 납품도 하였다. 그리고 틈만 나면 새로운 액세서리 소재나, 부품 부자재를 찾기 위해 시장이란 시장은 모두 발이 닳도록 찾아다녔다.

보석나무에 쓰이는 재료는 익산귀금속단지의 원석, 텀블스톤(Tumble

Stone)이었다. 그 당시 원석(텀블스톤)을 구하기도 쉽지 않아 가격도 저렴하고 쉽게 소재를 찾을 수 있는 남대문시장을 다니다 일본 바이어를 소개받은 것이었다. 일본 바이어는 디자인을 의뢰했고 결과에 만족하며 매출이 많이 좋아졌다면서 내게 두 가지 제안을 해왔다.

① 일본에 직접 들어와 본격적인 액세서리 디자이너로 활동하는 것
② 액세서리 회사를 설립하여 본인 회사에만 수출해 주는 것

그의 수출 제안을 받아들이기로 하고 충무로 필동(80평)에 액세서리 완제품 생산 제조공장인 (주)로랑을 설립하였다.

| 만화책으로 소통하며 얻은 아이디어

바이어의 제안을 받아들인 후, 완제품 생산을 위한 자재비, 직원급료, 회사임대료는 선입금으로 일본 은행에 이미 입금이 되어 있었다.

일본 바이어와는 만화책으로 소통해가면서 아주 재미있게 일했다. 만화책으로 액세서리 디자인을 한다는 것은 기발하고 신선한 아이디어였다. 만화책에 나오는 스토리텔링과 콘텐츠로 재미있고 만족스러운 액세서리, 브로치, 머리핀 등을 디자인하게 됐다.

언어로 소통이 안 될 때는 때론 답답하기도 했지만 오히려 생각지도 못한 좋은 아이디어가 나올 때면 바이어와 나는 세상을 얻은 기분으로 신나게 일하며 많은 걸 배우는 계기가 되었다. 지나와 생각해보니 일본인 바이어(다까오카상)는 나의 첫 번째 액세서리 스승이었다.

| 산학협동체계 구축과 고용 창출

충무로에 액세서리 생산 업체 (주)로랑을 설립하면서 박옥경 보석나무연구소와 (주)로랑은 산학협동체계를 구축하였다.

산학협동체계 구축 외에도 생산, 제조는 주변 가정주부들에게 부업을 제공하여 고용 창출로 이어졌고, 취미로 하던 보석나무공예가 현실적인 직업으로 연결되어 긍정적 평가를 받았다. 액세서리 디자이너로서 수출, 생산, 제조까지 도맡아 함으로써 디자인의 질적 향상을 이끌고 패션액세서리 산업 발전에도 많은 기여를 하였다.

| 작품은 쉬워도 상품은 어렵다는 깨달음

그 당시 수출시장은 내수시장에 비교하자면 30% 정도였고, 아이템은 목걸이, 브로치, 헤어액세서리 등 조립 제품이 주를 이루었다. 지금은 액세서리가 다품종 소량생산이 대부분이지만 그 당시에는 소품종 다량, 즉 대량생산 위주였다.

액세서리 생산 시 물량의 자재확보와 하청관리가 힘들고, 수출 납품 기일 준수 및 수출 서류 작성에 어려움이 있었다. 생산과정에서의 위험과 액세서리 땜, 조립 등, 초보 기술의 한계와 생산기술의 노하우는 하루아침에 이루어지는 것이 아니라는 걸 알게 되었다. 작품 만들기는 쉬워도 상품 만들기는 어렵다는 것을 제품 대량생산을 하면서 새삼 깨달았다.

| 활동 이모저모

° TV

· <전국은 지금> 2부 액세서리 - 왕영은, 임성훈, 리포터 한계순(수출용 조개 액세서리, 목걸이)

· <여성백과> 선물축제 II - 섬세한 멋 액세서리 만들기(액세서리 디자이너 박옥경)

° 특강

· 문화센터: 1984년~1990년까지-보석나무/하이패션 액세서리/칠보 액세서리(동아문화센터 등에서 특강)

° 사진

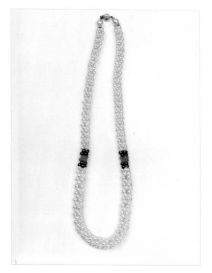

진주목걸이

단추목걸이

삶과 철학이 담긴 액세서리

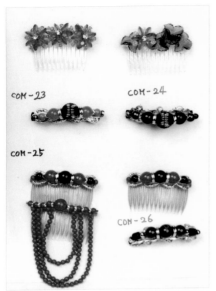

헤어핀 BEADS

비즈목걸이

비즈목걸이2

수지 소재의 방울목걸이

5. 남정악세사리상가

: 1986년, 29~34세

일본으로 수출해 보았던 경험을 바탕으로 1986년도 남대문 남정상가 1층에 액세서리 수출 및 내수 완제품 판매매장 (주)로랑을 오픈하였다.

| 내수를 위한 발판으로 남대문에 진출하다

1980~1990년도 패션액세서리 산업은 남대문시장 내에서 급격한 성장을 이루고 있었고 경제적으로도 대호황이었다. 남대문시장은 수출, 상담, 제조, 생산, 유통, 판매까지 같은 업종이 모여있는 액세서리 전문 도매상가였다. 패션액세서리 시장으로 최대규모를 자랑하며 세계보따리 무역 거래상의 중심이자 종합 패션액세서리 시장인 남대문은 액세서리에 관한 한 모든 여건을 갖춘 국가의 소중한 보물이라 생각한다.

그 당시 나는 충무로 필동(80평 공장)에서 액세서리 완제품 생산 공장을 운영하고 있었다. 액세서리 디자인과 생산을 하여 일본으로 수출하고 있었지만, 남대문시장에서 독자적인 매장 운영을 통해 내수와 수출을 겸한 판매매장을 만들고 싶었다.

| 직접 한 디자인과 대량생산으로 내수와 수출 병행

디자인과 생산을 직접 해본 경험으로 남대문시장 진출은 쉽게 결정할 수 있었다. 액세서리 상품 디자인 개발과 제조 판매를 처음 시작했을 때는 거의 80년대 초반부터였다. 초반에는 경쟁이 그리 심하지 않았다. 그 시기에는 히트 아이템을 그대로 만들어 팔아도 잘되는 시기였다. 그 당시에는 액세서리의 아이템 수는 그리 많지 않았고 수량만 대량생산(소품종)할 때이기 때문에 히트하더라도 영세한 업체에서는 그 많은 물량이 감당되지 않았다. 나는 액세서리를 직접 디자인하고 대량생산하여 목걸이 아이템과 헤어액세서리를 내수판매하면서 수출도 병행했다.

| 단순 노동에서 숙련자까지 다양한 일자리 창출

패션액세서리는 디자인 주도 산업으로 제품 기획, 디자인, 제조, 유통 판매에 이르기까지, ONE-STOP이 가능한 수출산업으로 높은 성장성을 지니고 있고 다품종 소량생산이 가능한 고부가가치산업이다. 패션액세서리 분야는 노동집약도가 크므로 높은 고용 창출이 이루어진다. 단순 업무의 노동자들에서부터 고도의 제품 생산을 위한 숙련노동자들에 이르기까지 다양한 일자리를 제공할 수 있어 실업 문제 해결을 할 수 있었다.

| 특강 키트로 짧은 유행 사이클에 대응하다

액세서리 창업은 초기비용이 적게 드는 장점이 있지만, 경험과 노하우가 없다면 쉽게 실패할 수 있는 위험이 따른다. 그런 만큼 실패를 각오해야 하지만 실패하더라도 실패에서 얻는 소중한 경험을 바탕으로 지속적으로 디자인을 개발하고 생산할 수 있다면 성공할 수 있다.

액세서리 완제품은 생산자가 직접 디자인 기획하여 생산된 최종제품을 수요까지 예측하여야 한다. 그리고 그 수요에 맞추어 제품을 미리 대량생산한 후 시장 판매를 해야 한다.

지방 고객과 외국 바이어, 오퍼상들의 주문을 위해 늘 새로운 샘플 개발이 지속적으로 이루어져야 한다. 나는 끊임없는 신상품 개발로 인한 어려움(자금 뒷받침)이 많았다. 고객 반응이 좋지 않으면 신상품은 모두 반품이 되거나 재고가 된다. 액세서리는 유행 사이클이 매우 짧은 상품이기 때문에 재고는 그야말로 땡 물건 취급이 되는 것이 단점이다. 반대로 히트를 하면 링거 맞아가면서 생산해야 할 정도로 대박이 난다. 최진실(연예인) 헤어밴드가 그 좋은 예이다. 반품과 히트 사이의 갭이 너무 큰 것 또한 위험 요소이며 액세서리 제품은 트렌드나 정보에 매우 민감하다는 사실도 알 수 있었다.

나는 버려지는 액세서리 재고를 활용해 문제를 해결하고자 했다. 반품된 목걸이나 재고 액세서리는 기업이나 공단, 문화센터 등 특강용 키트 재료로 사용하였다. 완제품 목걸이 줄을 끊어 재사용함으로써 경제적 손실을 줄일 수 있었다. 그로 인해 액세서리 취미생활 특강과 액세서리 창업 교육과정으로 일반인에게 다시 한 번 인기를 끌었다.

현 액세서리 도매시장의 불합리한 반품제도와 유사 상품 복제가 용이하다는 점은 여전한 문제점이다. 디자인 보호의 필요성이 절실히 요구된다. 액세서리 산업은 실력과 경험도 중요하지만 자본력이 성패를 좌우하는 탓에 흥망성쇠가 심한 산업이다.

| 활동 이모저모

° **방송**

- <무엇이든 물어보세요> - 액세서리 집중 연구(박옥경, 루비나 이사)

° **신문·잡지**

- 1989년 9월호 『월간 멋』(동아일보) - 칠보액세서리

- 1989년 10월호 『월간 멋』(동아일보) - 하이패션액세서리

- 『크래프트 장식공예』 잡지 - 액세서리 공예(박옥경-액세서리 공예가)

- 『여성백과』 잡지 권말부록 - 책으로 배우는 지상 문화센터(인조진주목걸이, 귀걸이, 브로치/진주 장식 만들기, 금속장식 목걸이, 귀걸이, 머리핀)

° **특강**

- 1984년~1990년 동아문화센터 특강

- 1988년(10~12월) 동아문화센터 하이패션액세서리 특강(오후/저녁)

- 1987~1990년 동아문화센터 칠보액세서리 특강(오전 /저녁) 외 3건

- 완제품 재고를 DIY 키트로 활용하여 전국문화센터 & 대기업, 생산공단 등 강의

· 전문직 여성 근로자 상대로 액세서리 초청 특강(한국감정원: 패션액세서리 토
   털 코디네이션 특강)

° 사진

1989년 4~6월 동아문화센터 하이패션액세서리 특강
(오후/저녁) / 칠보액세서리 특강(오전/저녁)

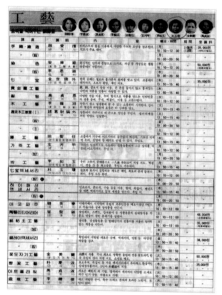

1988년 10~12월 동아문화센터 하이패션액세서리 특강
(오후/저녁) / 칠보 액세서리 특강(오전/저녁)

삶과 철학이 담긴 액세서리

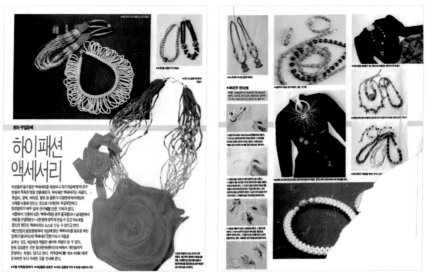

1989년 작품 1989년 1월호 『월간 멋』(동아일보) 하이패션악세사리

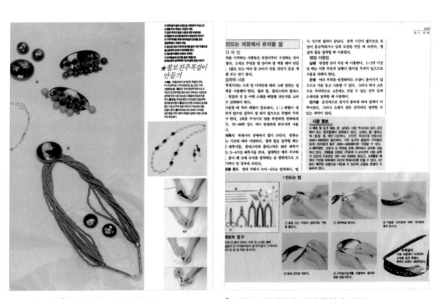

1989년 10월 『월간 멋』 칠보진주목걸이

『크래프트 장식공예』 잡지 목걸이 1990

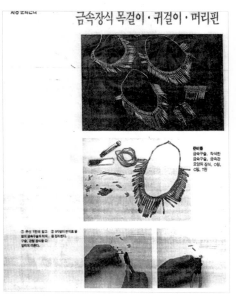

1990년 『여성백과』(KBS 잡지) 「책으로 배우는 지상문화센터」 - 금속장식 목걸이, 귀걸이, 머리핀

『여성백과』 인조진주목걸이, 귀걸이, 1990년 작품

삶과 철학이 담긴 액세서리

6. (주)디자인 채널

: 2000년, 43세

| 액세서리 온라인 판매사업

패션액세서리 콘텐츠 개발 및 서비스 제공을 중점사업으로 하는 디자인 채널은 액세서리, 각종 모조 장신구, 피혁 등 패션 소품, 보자기 포장 등을 판매하는 B2B 전자상거래 회사로 설립되었다. 디자인 채널은 세계시장을 상대해야 하는 업종 특성상 e-Business가 갖는 강점을 최대한 반영하고자 했으며 패션액세서리의 디자인 벤처로 우수평가기업 인증을 받았다.

| 닷컴 시절의 온라인 도전

벤처 열풍과 현실과 가상의 세계를 넘나들며 안되는 게 없는 것처럼 보이며 가능성이 무한했던 닷컴 시절, 오프라인에서 생산된 상품 등을 온라인으로 판매하고 싶다는 강렬한 욕망이 솟구쳐 올랐다.

결국 (주)디자인 채널을 창업하여 전문적인 온라인 판매와 창업을 준비하는 사람들에게 꼭 필요한 정보를 제공하기 위한 다양한 홈페이지를 만들었다.

| 다양한 홈페이지를 구성하다

디자인채널은 영역을 나눠 다음의 홈페이지들로 구성했다.

<www.vojaki.com> 보자기닷컴이라는 사이트에는 환경, 문화, 포용의 의미를 담고 있는 보자기 캐릭터와 한국적인 정서가 담긴 문화상품을 판매.

<muripin.com> 다른 패션액세서리 분야의 제품 수출 비중이 높은 가운데 수출기여도가 상당한 헤어액세사리를 다루는 온라인 전문 무역 사이트.

<jeweleydiy.com> 주얼리 산업 분야의 필요한 여러 수요를 인터넷을 기반으로 제품의 공급에서 판매에 이르는 일들을 수행.

<www.bokdesign.co.kr> 좀 더 체계적이고 전문적인 주얼리 샵 창업을 준비하는 사람들에게 꼭 필요한 DIY 온라인 사이트.

| 아이템별 판매사이트 구축으로 산업 발전에 기여

주식회사 디자인 채널은 아이템별 판매사이트를 구축하고 운영함으로써 패션액세서리 산업의 전반적 발전에 많은 기여를 했다. 예를 들어 현대백화점, 롯데제과, 유한킴벌리의 사은품 포장재 개발과 온라인 도서판매사인 예스24, 주류회사의 선물 포장재 등에 약 7,000개의 디자인을 제공했다. 수요자는 이 사이트에서 각각의 디자인을 조합한 약 10만 개의 디자인을 직접 보고 주문하는 식이다. 포장재를 통한 상품의 고급화에 이어 각종 액세서리 아이템도 본격 판매를 추진하였다. 한국 전통의 캐릭터 개발도 그중 하나다.

| 사업내용

· 디자인혁신지원사업 2000년 4월 24일~7월 24일

· (주)사라인터내셔날의 기능성과 패션성을 겸비한 BACKPACK 개발

· SAMPLE, BL 평가 역대 최고점수 88점 기록

· 한국산업디자인진흥원(www.kidp.or.KR)

· 2001년 (주)디자인채널 우수벤처 지정 (주)디자인채널 디자인 전문회사 지정

· 보자기 로고 및 캐릭터 개발

· HTTP://DESIGNCH.COM OPEN/SITE OPEN-VOJAKI.COM

· 2002년 BOK디자인하우스 사업 개시(WWW.bokdesign.co.kr)

· 전국적 beads Art 교육 및 beads shop Franchising

| 사업 연혁

2000년	5월 8일	(주)디자인채널 회사 창립
		(주)다산벤처-열쇠고리 포장 납품
	6월	(주)구매부 닷컴-비누 포장 납품
	7월	전시회 (주)디자인채널 본사
	9월	제4회 KOFAC 개최-CYBER 공모전 병행
	10월	SITE OPEN-HTTP://WWW.VOJAKI.COM
		GO-CCE'-shose keeper 납품
	11월	현대백화점 보자기 개발 진행 및 납품

12월	유한킴벌리 판촉물 포장 개발 진행 및 납품
	김세환 교수님 고급 손거울 포장 납품
	(주)디자인채널 우수벤처 지정
2001년 1월	(주)디자인채널 한국산업디자인 인증 디자인 전문회사 지정
2월	스위스 브랑제리 판촉물 개발 및 납품
	수원축협 보자기 개발 및 납품
3월	유한 킴벌리 판촉물 상품 납품
	티티푸드 판촉물 개발 및 납품
4월	SITE OPEN-HTTP://WWW.DESIGNCH.COM
	W21 교육장 제품홍보

| 활동 이모저모

° **방송**

· 2000년 8월 16일 동아TV <피플&피플> - 박옥경(보자기 포장 사업 소개)

· 2004년 7월 크리스털 비즈 bok 사업설명회(무역센터)

° **신문**

· 2000년 8월 25일 『중앙일보』 「손잡은 여성벤처인들」 - 디자인채널(D-CH) 대표 박옥경

· 2001년 4월 17일 『서울경제신문』 조충제 기자 「버려지는 포장 재디자인 상품화 한다고 이제는 디자인 벤처다」 외 1건

삶과 철학이 담긴 액세서리

° 특강

· 2004년 7월 4일 대서양홀 컨벤션센터 - JEWEL FAIR KOREA 2004 참가

· www.jewelrydiy.com, 주얼리 D.I.Y(사업설명회)

° 사진

2001년 4월 17일 서울경제신문 조충제기자

보자기 포스터

BACKPACK 와펜 & 키고리 개발

디자인혁신지원사업 기능성과 패션성을 겸비한
BACKPACK 개발 (주)사라인터내셔날

유한킴벌리 DDP 프린트제품

현대백화점 보자기 팩 디자인

명절 보자기 전시

구두 shoes keeper

신세계백화점 명품보자기

실크 명절 명품보자기

삶과 철학이 담긴 액세서리

7. 동대문종합상가 진출

: 2010년, 53~63세

| 동대문시장 진출로 경험한 가죽 전반과 토털패션 액세서리

(주)디자인채널과 액세서리 교육사업을 접고 동대문시장으로 진출하였다. 교육사업과 작품활동으로 열심히 살았던 30대 시기에 남대문시장의 액세서리 사업이 유익했던 경험이었다면 동대문시장 진출은 가죽소품 및 가죽에 대한 전반적인 토털패션 액세서리를 경험할 수 있었던 좋은 기회였다. 동대문종합시장 진출로 가죽소품 및 전반적인 피혁 액세서리를 경험할 수 있었다.

| 다양하고 폭넓은 디자인과 자유로움의 동대문

2010년까지 20여 년 동안 학원을 운영해오다 2000년 이후 중국으로 액세서리 생산과 노동시장이 이동하면서 (주)디자인 채널의 온라인 교육과 더불어 교육시장에도 커다란 위기가 찾아왔다. 이론과 현장 경험을 갖춘 창업가이자 디자이너가 되고자 결국 액세서리 산업이 흐르는 방향을 따라 유일무이한 패션액세서리와 의류산업 집적지인 동대문시장으로 진출했다.

온라인 사이트 구축 및 그동안의 사업 계획서 등 수많은 콘텐츠 관련 경험은 큰 자산이 되었다. 학원에서 교육했던 이론에서 벗어나 동대문종합시장에서 시장의 흐름과 가치, 소비자 심리를 파악하며 다양하고 폭넓은 디자인에 둘러싸여 새롭게 자유로움을 느낄 수 있었다.

작품구상과 제품을 디자인하기 위한 견문을 넓히기로 굳게 마음먹고 동대문 매장은 직원, 아르바이트, 디자이너로 운영될 수 있도록 시스템을 구축해 놓은 후 본격적으로 여행을 시작하였다.

루마니아 3개월 여행, 이집트 한 달 여행 등 동대문에서 10여 년 세월 동안 호주, 스위스, 이탈리아, 파리, 네덜란드, 벨기에, 인도, 스페인, 두바이, 상해, 대만, 터키, 일본, 우즈베키스탄, 몽골 등 많은 나라를 여행하였다.

시장 조사 겸 여행으로 간 곳에서 마주친 영감과 자유로운 상상은 디자인에 큰 도움이 되었다. 특히 인도의 알찬 한 달간의 여행은 평생 잊지 못할 것 같다. 인도에서 직접 수입한 가죽 줄은 동대문시장에서 판매로 이어졌다.

▎국내 처음으로 도전한 핸드백 DIY와 나만의 백 만들기

당시 가죽공방의 인기가 아주 높았다. 교육사업을 하면서 가죽 핸드백에 늘 관심이 많았다. 2000년 이미 스와로브스키사 주최 디자인 프로젝트와 유명 브랜드 프로모션(핸드백)을 수행했다. 그 이후 스와로브스키스톤(서륭 인터내셔널 2천만원 상당의 재료 후원)을 사용하여 디자인한 핸드백 프로젝트 전시 경험 등으로 가방 키트(Kit) 판매, 가방과 액세서리 완제품, 가죽 소재와 가죽 줄 생산 및 수입 판매를 하였다. 그 후 2010년 동대문종합시장에서 본격적인 사업을 시작하였다.

국내 처음으로 핸드백 DIY(Do It Yourself), 즉 스스로 만드는 핸드백 & 핸드메이드 패션소품과 세상에서 유일한 나만의 핸드백 만들어 보기 등에 도전하며, 천연 가죽을 재료로 공구 없이 바느질로만 가방을 만들 수 있었다. 이렇게 직접 경험을 통하여 체득하게 함으로써 안정적이고 성공적인 창업 및 취미 계발을 할 수 있도록 지원하였다.

| 온라인 사업과 꾸준한 작품활동의 바탕이 된 동대문

국내외, 프리랜서 디자이너, 대학생, 은퇴 디자이너 인력을 활용하여 다양한 패션액세서리 소재 및 제품 디자인을 개발했다.

동대문 진출은 브랜드 사업에 필요한 충분한 콘텐츠 확보와 브랜드 런칭 도전을 가능하게 했다. 또한 온라인 사업과 꾸준한 작품활동의 바탕이 되었다.

액세서리 완제품 샘플 2~3천 개와 액세서리 사진 콘텐츠도 2만 컷 이상 보유하게 되었다.

| 현대적으로 계승한 우리 문화 전파와 디자인 개발

특정 제품을 복제하거나 생산하는 등 동대문시장의 싸구려 이미지를 개선하고 싶었다. 나아가 전통을 현대적으로 계승한 우리다운 문화 전파와 디자인 개발을 시도했으며 가죽이라는 소재의 차별화로 동대문시장 제품의 고급화를 이끌려고 노력했다.

동대문 진출은 앞으로 남은 시간 동안 무엇을 해야 할지 방향을 제시해 주었다. 결국 40여 년의 다양한 경험이 축적된 콘텐츠와 경험을 토대로 책을 쓸 수 있었다.

시장에서 COPY 문화가 만연했던 것, 가족 중심 매장 운영, 소재 개발의 중요성에 관한 인식 부족, 그리고 산학협동의 미흡함으로 창의적 디자인에 어려움이 많았다. 디자인개발과 독자적 패션액세서리의 정보 플랫폼 구축과 운영이 요구되어진다고 생각한다.

DIY(Do It Yourself) 가방 사업은 투자에 비해 초기 지출이 많은 것이 단점이었다.

| 사업계획서와 전시회

° 사업계획서
· 「동대문 패션과 액세서리 생태계 고도화를 위한 플랫폼 구축 운영 계획」(2018년 3월)

° 전시회
· 코엑스(COEX) 전시회(2010년 5월) <핸드백디자인과 새로운 가방 키트(kit)>

° 사진

핸드백 가죽 DIY 제품 (2010년 작품)
-트러블백(색상 딥블루)
크기(cm): 가로47x세로(폭)24x높이43(끈 포함)

핸드백 가죽 DIY 제품(2010년 작품)
-호보 S라인백(색상 펄브라운, 딥블루)
크기(cm): 가로28x세로(폭)5x높이20

핸드백 DIY 제품(2010년 작품)
-세컨백(색상 브라운, 그레이)
크기(cm): 가로25x세로(폭)2x높이17

핸드백 DIY 제품(2010년 작품)
-호보백&사각백(색상 브론즈 펄멀티)
크기(사각백, cm): 가로45x세로(폭)8x높이40

핸드백 가죽 DIY 제품(2010년 작품)
-파우치 TSL 백(색상 그린, 레드)
크기(cm): 가로20x높이18

핸드백 가죽 DIY 제품(2012년 작품)
-레이지 지갑(색상 퍼플 그레이)
크기(cm): 가로20x높이10,
동전지갑 9, 카드지갑 7×10

동대문 가죽줄 매장 5mm 가죽줄 소재
-3mm 2mm, 가방참(2012년 작품)

5mm, 3mm 가죽줄을 활용한
꽃모양 매듭과 목걸이(2012년 작품)

골드 가죽 팔찌 완제품(2013년 작품)

검정 가죽캡 타슬가방 참장식(2015년 작품)

2008 미스코리아 패션액세서리
이어링 디자인 제작

2011년 네덜란드 핸드백
(디자이너브랜드) 작업공장 방문

삶과 철학이 담긴 액세서리

8. RENEE(르네) 런칭

: 2022년, 65~현재

| 패션액세서리 브랜드 출시, 액세서리 온라인 판매로

여덟 번째 창업에 도전하면서 또다시 새롭게 무언가를 시작한다는 것이 너무 무리한 건 아닐까, 하는 여러 생각이 오갔다. 수십 년 전 액세서리라는 것이 생소했던 시절, 척박했지만 꿈과 희망으로 가득 찼던 나의 젊은 시절을 떠올리며 다시 용기를 내어보았다.

| 40년 경력을 살려…

르네 창업에는 무엇보다 그동안 경력으로 쌓은 감각과 노하우를 발산하려는 마음이 컸다. 다시 말해 패션액세서리 업계에서 40년 이상 종사해 오면서 오랜 시간 생각하고 주목하고 느낀 것을 실행으로 옮기고 싶었다. 그 마음이 결국 르네 창업으로 이어졌다.

| 긴 호흡으로 보는 순수 핸드메이드 상품

순수 핸드메이드 상품은 기계로는 만들어질 수도 표현할 수도 없는 고유의

느낌이 있다. 이를 살리고자 모든 상품은 오로지 수작업만으로 진행하였다. 상품 유통은 SNS를 통한 홍보와 함께 자사 홈페이지에서만 온라인으로 판매 하고 있다. 르네 브랜드는 긴 시간을 두고 천천히 키워나갈 예정이다.

| 액세서리 디자인의 지속 가능성 확인

르네는 젊은 세대와의 교류를 통한 협업을 추구하며 제품을 만들어 나갔다. 이는 액세서리 시장에 새로운 트렌드로서 액세서리 디자인의 지속 가능성을 확인시켜 주었다.

브랜드 히스토리

RENEE는 빈티지 오브제를 기반으로 새로운 느낌을 조화시켜 만들어 낸 아트액세서리 상품입니다.

1980, 90년대 유럽 전역의 전시회에서 구매했던 패션액세서리들을 추억으로 소중히 간직해 왔습니다. 지금에 이르기까지 보존할 수 있었던 원동력은 그것들을 처음 본 순간의 감동이었습니다.

세월이 흐르며 가끔 꺼내어 공기와 접촉시키기도 하고, 부드럽게 걸쳐도 보았다가 마침내는 새로운 부분들을 보태고 빼고 연구하여 새로운 디자인을 창조하기에 이르렀습니다.

대표는 세월의 흐름 속에서 간직해 온 노련함과 대담한 젊은 펑크 정신을 조화시켜 RENEE를 만들어 냈습니다.

해체와 결합

RENEE의 핵심 디자인 스타일로서 서랍 속 30년 이상 된 수명이 다해가는 오브제를 해체하고 조합해서 새로운 액세서리를 탄생시킵니다.

브랜드 가치

RENEE는 빈티지에 새로운 세대의 느낌을 불어넣어 단순히 과거에 머무른 것이 아니라 앞으로 나아가고자 합니다. 대량생산 위주의 패션 흐름에 반항하며, 고전 주얼리와 펑크 문화를 영감의 원천으로 삼고 특유의 독특하고 반항적인 감각으로 수명이 다해가는 빈티지 오브제를 해체하고 조합해서 새로운 생명을 불어넣습니다. 이러한 과정에서 젊은층, 노년층의 제너레이션 간의 간격을 무너뜨리며, 세대 간의 소통을 중시하여 사회적인 지속가능성을 보여줍니다.

브랜드 철학

1) 새로운 시대의 펑크, old의 재창조 유행과 기존 흐름에 저항하며 나만의 유행
2) rebellion reborn
   RENEE는 소위 패스트패션이라 부르는 매스미디어가 주도하는 대량생산 위주의 패션 흐름에 반항합니다.
3) 지속가능성
   이번 디자인을 기반으로 RENEE 브랜드를 창시하는 과정에서 영(young)한 에너지에서 영감을 얻고 진심으로 그들을 격려합니다.

RENEE 1 작품(2021년)

RENEE 2 작품(2021년)

RENEE 3 작품(2021년)

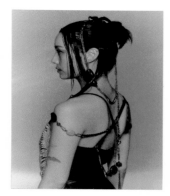

RENEE 4 작품(2021년)

삶과 철학이 담긴 액세서리

RENEE 5 작품(2021년)

RENEE 6 작품(2021년)

RENEE 7 작품(2021년)

RENEE 8 작품(2021년)

9. 패션액세서리 창업과 성공

　하고 싶은 일, 좋아하는 일을 한다면 그만큼 쉽게 망하지는 않는다. 물론 좋아하는 일을 한다고 처음부터 성공이 보장되지는 않는다. 하지만 어려움이 닥쳐도 꾸준히 버티며 포기하지 말고, 중단하지 않은 채 재미있게 일한다면 분명 언젠가는 성공이 다가온다. 재미있는 일을 하다 보면 시간 가는 줄 모르고 피곤하지도 않고 오랫동안 할 수 있으며 행복하기까지 하다. 이렇게 일을 취미처럼 즐기면서 한다면 마지못해 하는 사람보다 잘할 수밖에 없고 결국 성공으로 이어지는 것이다. 일을 즐기면서 하는 가슴 뛰는 삶이 나에게는 바로 창업이었다.

　나의 창업과 도전 경험을 바탕으로 패션액세서리 창업에 필요한 준비와 노하우 등을 정리하였다.

| 나의 창업 교훈 5가지(나의 좌우명 – 행동철학)

　① 일단 저질러라.
　② 무식이 힘이다.
　③ 망해도 몸은 남는다.
　④ 모험은 한 만큼 이익이다.
　⑤ 평생 좋아하고 재미있는 일을 해라.

삶과 철학이 담긴 액세서리

| 액세서리 창업조건

① 액세서리 창업은 독창적인 디자인과 다양한 채널을 활용하는 마케팅전략이 성공의 핵심이다.

② 동대문시장, 남대문시장, 백화점 등, 기타 액세서리 시장조사 및 유행 트렌드를 조사하고 분석하여 아이템을 선정한다. 시장에서의 차별화로 단순히 유행보다는 자신과 잘 맞는 아이템을 선택하는 것 또한 포인트이다.

③ 정확한 타깃(세대와 판매 가격) 설정과 판매 제품의 다양성이 무엇보다 중요하다.

④ 액세서리 소재와 제품, 아이템 대한 정확한 선택과 집중으로 시제품을 여러 가지 방법으로 제작해 본 후에 최종제품을 결정한다. 사업 초기에는 비용 절감을 위하여 필요 인력과 제품의 생산량을 최소화한다.

⑤ 브랜드 콘셉트와 콘텐츠의 지속적인 연구와 발전을 위해 노력해야 한다.

⑥ 고객 관리, 상품 관리(A/S 및 품질관리)로 재구매율을 높인다.

⑦ 체계적인 창업 준비를 위해 사업 계획서 작성과, 자본, 비용, 수익 목표, 타깃 고객층 등을 포함한 구체적인 계획을 세워 필요한 자금을 확보한다.

⑧ 사업자 등록 후에 브랜드는 절차에 따라서 특허, 상표 및 디자인 등을 신청, 신고하여 법적으로 보호받아야 한다.

| 액세서리 초보자는 목걸이로 기본과정 습득해야

액세서리 제작은 그리 어렵지 않다. 액세서리 제작에 필요한 도구와 용품은 쉽게 구할 수 있고 사용법도 간단하다. 기본 도구와 용품을 갖추고 차근차근 배우면 된다.

액세서리를 만들 때 특별한 기술은 필요 없으나 초보자는 상대적으로 만들기 쉬운 목걸이부터 해보는 것이 좋다. 목걸이에서 기본 테크닉을 익힌 후 귀고리, 머리핀, 브로치, 팔찌 등으로 연결하여 만들어 나간다면 어렵지 않게 액세서리 제작의 감을 잡을 수 있다.

액세서리 제작에 필요한 기본 도구와 용품을 소개한다.

° 소도구

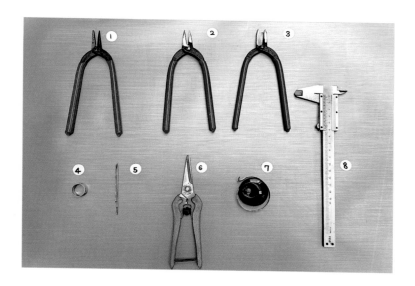

삶과 철학이 담긴 액세서리

① 구자말이(액세서리 공예용) 집게, ② 민자 집게, ③ 침 집게, ④ 오링 반지(액세서리 공예용), ⑤ 바늘, ⑥ 철가위(철사 자르는 가위), ⑦ 줄자, ⑧ 버니어 캘리퍼(Vernier caliper)

° 기본 용품

⑨ 낚싯줄, 나일론실, ⑩ 접착제, ⑪ O-ring, ⑫ C-ring, ⑬ T-pin, ⑭ 9자말이 핀, ⑮ 고리 장식

처음 액세서리를 제작할 때 고려해야 할 몇 가지 중요한 조건으로 기술적 기법과 독창적이면서 체계적인 액세서리 디자인 개발을 들 수 있다. 전반적으로 이러한 기법들을 습득한 후에는 무엇이든 이것저것 많이 만들어 보는 철저한 실험 정신이 중요하다. 아이템별로 디자인 해보기와 다양한 소재 접하기 등으로 자신의 개발 욕구를 일깨우는 경험을 많이 해야만 액세서리 창업의 실패가 줄어든다.

| 제품판매는?

 자사 웹사이트 구축 판매, 공동구매, 네이버 스마트스토어, 쿠팡, 무신사, 11번가, Etsy 같은 플랫폼에서 온라인 판매를 먼저 시작한다. 그리고 팝업 스토어, 플리마켓, 위탁판매 등 효과적인 오프라인 판매부터 천천히 시도해 본 후에 매장 오픈을 해도 늦지 않다.

 인스타그램(SNS), 블로그, 유튜브 활동은 디지털 시대 사람들과의 소통을 통한 제품판매에 창업자로서 매우 중요한 요소이다.

| 디자인은?

 패션액세서리는 계절과 관련이 있는 색상과 생산성을 고려하여 디자인하는 것이 필요하므로 사계절의 디자인 경험이 무엇보다 중요하다.

 good 디자인이란 상품력 있는 제품, 잘 팔리는 액세서리를 디자인하는 것이다. 소비자의 욕구와 시장동향, 상품기획, 판매 개념에 이르는 전반적인 걸 잘 이해하고 소통해가며 이를 반영하고 대처해야 좋은 디자인을 할 수 있다. 그러나 장기적으로는 늘 실험적이며 창조적인, 독특한 디자인 개발도 잊지 말아야 한다.

삶과 철학이 담긴 액세서리

| 재료 구입처

동대문과 남대문시장은 액세서리 재료 및 완제품 시장이며, 성내동은 액세서리 부자재만 파는 곳이다. 핸드백 관련된 소재나 장식 등은 신설동에서 판매하고, 구두의 소재와 장식 등은 성수동에서 판매한다.

이 같은 각각의 매장과 온라인 재료 판매 사이트 등 전반적으로 모든 시장의 동향을 파악하는 게 필요하다. 여러 시장을 파악하다 보면 아이디어가 떠오르기도 하고, 액세서리와 다른 시장에서도 아이디어를 가져올 수 있다. 이런 아이디어를 패션액세서리 제작에 접목해서 새롭고 기발한 액세서리 완제품을 탄생시킬 수도 있다.

| 액세서리 성공창업 스토리

① 항상 미리미리 준비하여야 한다. 시장에서 창업은 순발력이 최우선이다. 유행을 가장 빠르게 몸으로 느낄 수 있어야 하며 빠른 대처 능력이 있어야 시장에서 살아남을 수 있다.

② 직원과 디자인 전공 알바생을 뽑아 함께 일해온 건 나의 탁월한 선택이었다. 직원 같은 알바생과의 협업, 소통과 젊은 감각을 받아들여 디자인에 적용한 점은 잘한 일이라 생각한다. 서로 포용하며 조화로운 관계를 유지한 것이 좋은 결과를 가져다 주었다. 젊은이들과 일하고 호흡하며 여전히 감각을 잃지 않으려 노력한 점이 아직도 현역에 있는 이유이다.

③ 시장은 대부분 카드 결제 대신 현금이 오간다. 그런 까닭인지 대부분은 가족 장사이다. 나는 돈보다 우선 내 시간이 중요했고 두 번째로는 사람에 대한 믿음이 있었다. 그렇지 않았다면 직원과 알바에만 맡겨두고 어떻게 해외 전시회와 여행을 자주 다니며 디자인의 견문을 넓힐 수 있었겠는가?

④ 우리나라 전자상가에 가면 없는 게 없고 못 만드는 게 없다는 말이 있다. 세상의 모든 걸 만들 수 있는 곳이다. 아마도 인공위성, 로켓도 만들라면 만들지도 모른다. 동대문, 남대문시장도 그런 곳이다. 디자인하기에 최적화된 곳으로 세계 어디를 가도 동대문, 남대문시장만큼 갖춘 곳은 어디에서도 찾아볼 수 없을 것이다.

⑤ 창조적 영감의 원천을 디자인으로 바로 옮길 수 있는 시스템과 소비자의 반응을 즉각적으로 확인할 수 있는 동대문, 남대문시장의 환경이 사업하는 동안 큰 도움이 되었다. 매장을 열어 창업하려면 자본이 많이 든다. 따라서 젊은이들은 매장을 여는 대신 적은 자본으로 온라인 판매 창업을 먼저 시작할 수 있다.

⑥ 액세서리는 독특한 부자재 재료상이 있다. 즉, 없는 거 빼고 모두 있는 부자재 및 DIY 시장이 존재한다. 동대문 부자재 상가, 남대문 부자재 상가, 온라인 액세서리 부자재 사이트 등에서 여러 종류의 액세서리 부자재 DIY 재료들을 사서 자기만의 독특하고 개성이 담긴 스타일을 만들어 판매하면 된다.

요즘은 한정 디자인제품이 기존 제품으로 나온 디자인보다 무엇보다도 차별성이 있으며 고객도 자기만 가지고 있는 디자인을 선호하기 때문에 판매에 경쟁력을 확보할 수 있다.

⑦ 젊어서 이곳저곳 자재 구매에서부터 생산 디자인까지 직접 시장과 거래처를 다니며 디자인했다. 이러한 경험들이 밑받침되었기 때문에 시장 구석구석과 공장을 자세히 파악하고 있어 이제는 굳이 돌아다니지 않고도 가만히 앉아서 디자인할 수 있다. 시장을 자세히 알고 있어야만 폭넓은 디자인을 할 수 있다. 감각만 잃지 않는다면 시간이 흐를수록 오히려 오랜 경험으로 인한 경륜 및 이론과 실무를 갖춘 디자이너로 탄생할 수 있다.

⑧ 액세서리만큼 개발 가능성이 무궁무진한 아이템도 없다. 눈에 보이는 모든 소재가 다 액세서리가 될 수 있다. 새로운 소재를 먼저 이용하여 다른 사람보다 앞서가야 하는 것도 또 다른 감각이 아니겠는가? 항상 앞서 새로운 소재와 디자인을 개발하기 위해서는 인내와 순발력이 있어야 하고 부지런한 마음 자세를 늘 잊지 않아야 한다.

⑨ 넓은 의미에서 구두와 핸드백, 지갑, 벨트도 액세서리의 일종이라고 할 수 있다. 흔히들 액세서리 하면 목걸이, 귀걸이, 팔찌 같은 장신구에만 국한하여 생각하는데 패션을 연출하는 것이면 구두든 핸드백이든 그 모든 것이 멋진 패션액세서리가 될 수 있다.
또한 액세서리 창업가는 액세서리의 기본이 될 수 있는 각종 소재에 대한 풍부한 지식을 겸비해야 함은 물론 전체적인 액세서리 흐름 및 유행

하는 의상에 대한 시장 파악까지도 할 수 있는 역량이 있어야 한다.

나는 남대문시장 시절에 구두 장식을 헤어핀에 접목하여 대히트를 친 적이 있었다. 패션을 하나의 일관된 흐름으로 이해하며 서로 연관된 장신구의 세트화를 통해 토털 코디네이션의 효과를 극대화하고자 힘쓴다면, 즉 구두끈, 가방 장식 등을 목걸이의 소재로 이용한다든가 하는 방법으로 패션 아이템의 전체적인 통일감을 추구하고 아울러 원가절감과 실용성의 효과를 기대할 수가 있다. 꼭 액세서리라고 관련 시장에서만 소재를 찾지 말고 넓은 시각으로 살펴보는 것이 좋다. 결국 자신만의 오랜 관찰과 경험을 가져야만 액세서리 창업에 성공할 수 있다.

⑩ 패션액세서리 창업도 그냥 하면 이제는 되지 않는다. 디지털 플랫폼이 유통을 지배하는 온라인마케팅 시대에 요즈음은 모든 정보가 노출되어 소비자들이 더 똑똑하다는 걸 알아야 한다. 액세서리의 창업 기본 지식은 스마트 스토어나, SNS, 블로그, 유튜브 등에서 찾아보면 다양한 정보를 접할 수 있다. 또한 충분히 연습 후 자기만의 솜씨와 특기를 살려 되도록 취미로 접근하며 시작하라고 조언해주고 싶다. 사전에 철저한 준비와 본인의 적성도 어느 정도 맞는지 꼭 체크해 보아야 한다. 쉽게 접근하면 바로 무너질 수 있는 액세서리 창업 특성상 서두르지 말고 긴 시간을 두며 충분한 시장조사와 검토 후 창업하는 것을 추천한다.

시중의 오픈된 정보 이외에도 직접 경험한 나의 실제 이야기로 창업에 접근하는 방법을 들려주어 실패를 막아주고 싶은 마음으로 길게 얘기했다. 중요한 것은 모든 창업가에게 해당하는 말이겠지만 단기간에 승부를 걸겠다는 욕심을 부리지 말라는 것이다. 하루아침에 모든 것이 이루어질 수 없다.

패션액세서리 창업의 개념도 이제 바뀌어야 하는 시점에 와있다. 액세서리 창업은 절대 쉽지만은 않은 일임을 몸으로 부딪치고, 가슴으로 느끼며 이해하고, 머리로 고뇌하면서 미래의 성공적인 패션액세서리 전문가로 성장하고 발전하기를 간절히 바라는 마음이다.

3장

국내 최초로 도전한 액세서리 교육

교육사업 1

(32세)
**박옥경패션
액세서리스쿨**

교육
3회

교육사업 3

(43세)
패션액세서리
온라인 교육
주) 디자인채널

교육사업2

(34세)
**현대액세서리
산업디자인학원**

삶과 철학이 담긴 액세서리

1. 박옥경패션액세서리스쿨

: 1989년, 32~34세

| 국내 최초로 시도한 패션액세서리 교육

1989년 4월 이태원(동호플라자 4층)에서 국내에서는 처음으로 패션액세서리 교육을 시작하였다. 박옥경패션액세서리스쿨이란 이름의 1호점이었으며 입지를 이태원으로 한 건 액세서리 소매점과 외국인이 많은 지역이었기 때문이다. 차츰 교육생이 밀려들면서 이태원 스쿨만으로는 공간이 부족했다. 결국 중곡동에 스쿨 2호점(1990년 8월), 압구정동에 3호점(1991~1993년) 스쿨을 개원하기에 이르렀다.

교육은 그동안 남대문시장에서의 생생한 경험과 여러 창업을 통해 얻은 노하우를 전달하는 등, 현장 소리를 학생들에게 들려주는 살아있는 교육에 힘썼다.

° **박옥경패션액세서리스쿨 운영 현황**
- 이태원 스쿨: 1989년 4월 개원, 1호
- 중곡동 스쿨: 1990년 8월 개원, 2호
- 압구정 스쿨: 1991년 1월 개원, 3호

| 우리나라에 없는 액세서리 교육, 내가 해보면 어떨까?

남대문에서 디자인의 한계점을 겪으며 어디에서든 체계적으로 액세서리에 대해 배우고 싶었다. 하지만 어디에도 교육하는 곳이 없어 답답하기만 했다. 그러던 차에 문득 '그동안의 경험이 있으니 이를 바탕으로 내가 교육을 해보면 어떨까?' 하는 생각이 들었다. 나는 한번 생각이 떠오르면 이를 밀어붙이는 추진력이 있었다. 바로 액세서리 교육원 설립에 뛰어들었고 마침내 국내에서 처음으로 액세서리 교육학원을 열었다.

그 당시엔 외국인들이 모여있는 이태원이 액세서리 판매가 많은 곳이었다. 남대문은 내수 시장 비중이 크지만 지방 도매를 제외하면 이태원 소매점에 소비자가 가장 많았다. 이런 입지적 이점이 있어 박옥경액세서리학원을 이태원에 설립하게 되었다.

| 이태원 스쿨 개원과 사명감 교육

이태원 스쿨을 열긴 했지만 무엇이든 처음부터 알아서 되는 법은 없다. 학원을 열었으면 교육생이 있어야 했다. 뜨거운 여름날 땀을 뻘뻘 흘리며 학생 모집을 위해 잡지사, 신문 등 언론사 기자들을 일일이 찾아다니면서 학원 소개 기사를 부탁하고 다녔다.

내 노력을 알아주었는지 일간스포츠 박희자 기자가 제일 먼저 액세서리학원 소개 기사를 써주었다(이 자리를 빌려 정말 감사하다는 말씀 전한다). 연이어 다른 곳에도 학원이 소개되면서 교육생이 모집됐다.

교육생 모집뿐만 아니라 교육원으로서 갖추어야 할 것이 많았다. 나는 국내 유일 액세서리 교육원이라는 사명감으로 이론과 실기, 디자인 등 교육 체계를 갖추고 커리큘럼을 직접 만들어 열정을 다해 학생들을 지도했다.

| 자신과 사회적 기여

국내 첫 액세서리 교육원이었던 만큼 액세서리 업계는 체계적인 인력 양성을 반겼고, 그 기대대로 차근차근 액세서리 산업현장에 인력을 배출했다. 또한 교육을 통해 액세서리 디자이너라는 새로운 전문직업이 만들어져 그들이 자부심을 가지고 일할 수 있게 하였다.

이론에 충실하면서도 나의 경험에 바탕을 둔 생생한 현장 교육은 학생들에게 산교육이 되었으며, 산학협동을 지향한 교육과정 덕분에 졸업생들은 현장에서 실무에 곧바로 투입될 수 있었다. 업계는 배출 인력의 우수성을 인정하며 액세서리 스쿨에 좋은 평가를 하였다. 기존에 없던 액세서리 교육을 체계적으로 받은 인력의 산업현장 진출은 우리나라 액세서리의 경쟁력을 키우면서 산업 발전에 긍정적인 영향을 미쳤다.

| 활동 이모저모

° 방송

- 1991년 KBS <무엇이든 물어보세요> 조건진, 박초아 아나운서 - 액세서리 탐구
  (액세서리디자이너 박옥경)

° 전시

- 1990~1997년 서울 장신구박람회(COEX) 1~8회 참가(Seoul Fashion Accessory
  Fair)
- 1992~1997년 밀라노 국제 장신구 및 보석·선물용품 박람회(약칭 CHIBICAR) - 유
  럽(밀라노 파리) 연수 6회 참가, CHIBI & CART SHOW 참관
- 1992~1996년 홍콩 국제피혁박람회 참관(피혁 원피 및 완제품 전시)

° 사진

1992년 4월 25일 박옥경액세서리스쿨 야유회

삶과 철학이 담긴 액세서리

6TH FASHION JEWELRY & ACCESSORY FAIR 홍콩 참관(토털액세서리 정규과정), 1992년 전시참관

박옥경액세서리스쿨 토털 정규과정 장학금 지급(1992년)

박옥경액세서리스쿨-토털액세서리 정규과정 강사& 학원생(1992년)

박옥경 원장 특강

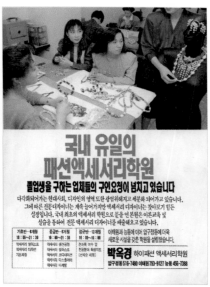

1992년 액세서리 실기 수업과정

삶과 철학이 담긴 액세서리

국내 유일의 패션액세서리 스쿨 **박 옥 경 원장**

"전문인력 육성이 패션미래를 좌우합니다"

그 동안 국내 패션산업은 '생활소재가 곧 패션'으로 표현될 만큼 그 범위가 확대되고 디자인 영역도 전문화, 세분화 되었다.

그러나 패션관련 전문분야의 활성화 차원에서 볼 때 전문영역에 대한 인식부족으로 지금까지 전문인력 양성에는 소홀히 해왔던 게 사실이다.

구두, 핸드백 등 피혁제품의 경우만 하더라도 섬유분야와는 달리 전문교육 기관이 거의 전무한 실정이어서, 소재와 디자인 개발의 고급화를 위한 전문인력 육성이 시급하다는 지적이다.

"완벽한 패션연출은 의상감각과 액세서리 감각이 혼합되어 멋진 하모니를 연출해 낼 때 가능하다고 생각합니다. 즉 핸드백, 구두, 벨트, 장식품, 단추에 이르기까지 패션을 연출하는 요소 하나하나가 의상디자인과 적절한 조화를 이루는 것을 의미하고, 따라서 이젠 액세서리도 단순한 장식품이 아닌 토틀패션을 연출하는 중요한 패션아이템으로서 그 전문성이 확보되어야 합니다."

액세서리도 패션의 독립된 한 분야로서 많은 연구와 개발이 뒤따라야 한다고 강조하는 박옥경 원장은 패션액세서리 디자이너로서 10여년 이상의 오랜 경험을 지닌 베테랑이다.

지난 89년 국내에서는 처음으로 이태원에 패션액세서리 스쿨을 개원, 많은 주목을 받았던 박원장은 최근 강남에도 액세서리스쿨을 개원해 전문디자이너 양성을 위한 교육에 여념이 없다.

현대여성들에게 생활의 필수품으로 각광을 받아오던 액세서리가 날로 다양화, 대중화되면서 액세서리 디자인분야의 전문인이 절실하다고 느낀 박원장은 오랜 소망이기도 했던 전문학원을 운영함으로써 후진양성의 기틀을 몸소 체험하고 있다.

"사실 3~4년전까지만 해도 액세서리 디자이너에 대한 인식은 샘플사로 통할 정도로 인식이 부족했지요. 하지만 액세서리가 패션을 완성시키는 코디네이션 개념으로 발전하면서 의상에 맞는 패션액세서리 디자인 개발도 빼놓을 수 없는 중요한 관심사가 되었죠. 따라서 그 책임과 역할을 수행할 능력있는 액세서리 디자이너의 육성은 업계발전을 위해 꼭 필요한 과제라고 할 수 있습니다."

박옥경 패션액세서리 스쿨에서는 개원 초기 주로 액세서리 디자인, 액세서리 마케팅, 액세서리 생산공정, 액세서리 디스플레이 등 액세서리 위주의 교육

월간 '피혁 패션' 1992년 3월호-국내 유일의 박옥경액세서리스쿨 박옥경 원장
'전문인력 육성이 패션미래를 좌우한다'

2. 현대액세서리산업디자인학원

: 1989년, 34~53세

| 미래의 직업 액세서리디자인과 HADA(Hyuadai Accessory Design Acdemy)

  그동안 액세서리 교육과정만 운영해오다가 액세서리, 구두, 핸드백 등 패
션 소품까지 모든 것을 교육하는 토털 교육과정으로 커리큘럼을 변경하
게 되었다. 세 곳의(이태원, 중곡동, 압구정동) 박옥경액세서리학원을 통합
하고 현대액세서리산업디자인학원(HADA-Hyuadai Accessory Design
Acdemy)으로 학원 이름을 변경(1993년 10월)하여 압구정동에서 운영하게
되었다.

| 국내 처음 노동부 위탁 교육기관

  현대액세서리산업디자인학원은 주얼리, 구두, 핸드백, 섬유 잡화, 포장디자
인 등 패션 소품의 모든 것을 교육하였다. 이런 교육과정이 차츰 알려지며
1994년에는 통상산업부 산하 한국공예연합회의 디자인 위탁 교육기관으로
지정받았다. 1999년에는 국내 처음 노동부 위탁 교육기관으로 지정받아 실
업자재취직 훈련도 실시했다.

| 20년 이상, 2만 명 넘게 배출한 디자이너

20년 이상 운영한 학원은 총 2만여 명 이상의 디자이너를 배출하였고, 우리나라의 독보적인 액세서리디자인학원으로 인정받으며 취업률과 명성을 쌓아왔다. 액세서리 디자이너라는 개념도 없이 카피사나 샘플사라 불렸던 시절, 액세서리 교육기관 설립은 모험일 수 있었다. 하지만 시대에 필요한 교육기관이 되었고 액세서리 전문디자이너를 양성하고 배출하였으니 나로서는 자랑스러운 일이다. 전문인력이 현장에 투입되어 제조, 수출 등을 이끌었으니 이 또한 사회에 기여한 셈이다.

| 우수인력 양성과 산학협력으로 전문디자이너 배출

압구정동에 설립한 현대액세서리산업디자인학원은 최적의 위치였다. 액세서리 디자인의 직업 특성상 유행을 선도하고 업계의 흐름을 파악할 수 있는 명동, 충무로, 이태원, 중곡동, 강남 압구정에서 내가 사업하고 학원을 연 것은 옳은 선택이었다. 남대문과 그 후 동대문 등에서 사업을 한 것도 좋은 선택이었다.

다양한 스타일을 많이 보아야 좋은 디자인이 나온다. 앞에서 언급한 학원 입지는 젊음이 넘치고 유행을 선도하며 사치 문화와 멋스러움이 존재하는 곳이었다. 이와 더불어 패션 브랜드와 매장, 백화점이 많고 시장조사가 유리한 곳, 또 부품, 부자재 장식 등 각종 소재나 자재 구입이 쉬운 시장이 주변에 위치하는 것도 학원 입지에 매우 중요하다. 중곡동 스쿨의 경우가 각종 소재나 자재 문제를 감안한 케이스이다.

학원에서는 우수인력 양성과 업계 발전을 위해 다방면으로 모색하고 산학협력에 힘썼다. 세미나 개최, 액세서리 분야 임원 대표를 위한 관리자과정 개설, 관련 업계 경력자로 구성된 우수 강사진 구성, 연 2회 이상 해외연수 교육 등이 그런 예이다.

학생들의 취업 기회를 확대하여 우수업체로 취업시키고, 공모전, 창업지도 프로젝트도 수행했다. 또한 전시회 개최 등 끊임없는 연구와 봉사로 왕성한 교육활동을 했다.

이런 양질의 교육과 산학협력을 통해 문무를 갖춘 전문디자이너를 배출할 수 있었다. 이로 인해 업계로부터 좋은 평가를 받았으며, 산업 발전에 긍정적인 영향을 미쳤다고 자평한다.

° 종합 정규토털 과정: 액세서리/구두/핸드백 디자인 및 피혁소품 디자인

교육목표

　패션감성을 충족시키기 위해 패션토털화(주얼리, 액세서리, 구두, 핸드백, 패션잡화 등)를 지향하고 기초에서 이론과 제작실습에 이르기까지 엄선된 커리큘럼을 통해 부문별 전문디자이너 및 패션 전 분야를 총괄할 수 있는 기획관리자 양성을 목표로 종합 정규토털 과정으로 운영했다.

교육과정

분야	분류	과목명	
구두 **핸드백**	전공과목 시간 연관과목	◎ 전공과목 - 구두/핸드백 - 구두/핸드백 실습제작 및 패턴 - 지갑&벨트 실습제작 및 패턴 - 구두/핸드백 MD 상품기획 및 원가계산 - 구두/핸드백 디자인(도면, 렌더링, 일러스트) - 구두/핸드백 소재정보 및 기획디자인 - 구두/핸드백 트렌드 분석(시장조사) - 구두/핸드백 (피혁소품)	◎ 전공의 연관과목 - 구두/핸드백 포트폴리오 제작 - 구두/핸드백 코디네이션 - 패션액세서리 스타일리스트
주얼리 **악세서리**	전공과목 시간 연관과목	◎ 전공과목 - 주얼리/액세서리 - 주얼리/액세서리 디자인 실습제작 - 주얼리/액세서리 공예(세공, 왁스카빙) - 주얼리/액세서리 MD(Merchandizing) - 주얼리/액세서리 디자인(도면, 렌더링, 일러스트) - 주얼리/액세서리 소재정보 및 기획 - 헤어액세서리 및 패션소품 디자인 - 액세서리 트렌드분석(시장조사)	◎ 전공의 연관과목 - 주얼리/액세서리 포트폴리오 제작 - 주얼리/악세서리 코디네이션 - 패션 및 피혁소품 디자인 - 보석 및 stone 칼라코디네이션, 주얼리CAD

교육기간

12개월(월~토 주 6일)

수강시간

AM 9:00~PM 12:30, PM 2:00~PM 5:00, PM 7:00~PM 9:30

장래 진로

주얼리디자이너, 액세서리디자이너, 구두디자이너, 핸드백디자이너, 패턴사, 주얼리·액세서리MD, 구두·핸드백MD, 패션액세서리 샵마스터, 패션액세서리 코디네이터, 패션액세서리 스타일리스트, 개인회사 창업운영, 프리랜서

° 주얼리, 액세서리 디자인 토털과정: 주얼리/액세서리

교육목표

주얼리, 액세서리를 토털로 배울 수 있는 과정으로 주얼리 디자인과 모델 제작보석 및 스톤에 관련된 지식과 액세서리 디자인 및 패션소품을 배울 수 있도록 했다. 디자이너 및 주얼리, 액세서리MD로 진출하며 자신 소유의 회사를 경영하는 데 목표를 두고 운영했다.

삶과 철학이 담긴 액세서리

교육과정

분야	분류	과목명
주얼리	전공과목/시간	– 주얼리 디자인 실습제작 – 금속공예(세공, 왁스카빙) – 표현기법(부식, 상감, 조각) – 보석학 및 보석디자인 – 칠보공예 – 주얼리(도면, 스케치, 렌더링, 일러스트) – 주얼리 트렌드 분석(시장조사)
액세서리	전공과목/시간	– 액세서리 디자인 실습제작-초/중/고급 – 헤어액세서리 디자인 및 실습제작 – FABRIC 액세서리 디자인 및 실습제작 – 액세서리 소재정보 및 기획디자인 – 액세서리(도면, 스케치, 렌더링, 일러스트) – 액세서리 트렌드 분석(시장조사)
공통	연관과목	– 주얼리, 액세서리 포트폴리오 제작 – 포장디자인 – 보석 및 STONE 칼라코디네이션 – 패션소품 디자인 – 주얼리CAD – 패션액세서리 코디네이션 – 패션액세서리 스타일리스트

교육기간

9개월(월-토 주 6일)

수강시간

AM 9:00~PM 12:30, PM 2:00~PM 5:00, PM 7:00~PM 9:30

장래 진로

주얼리디자이너, 액세서리디자이너, 주얼리MD, 액세서리MD, 주얼리/액세

서리 샵마스터, 주얼리·액세서리 코디네이터, 개인회사 창업운영

| 활동 이모저모

° 전시회

- 1994년　모조 장신구 패션 동향 및 유행정보 설명회 개최.

　　　　　장소: 대한무역진흥공사(무역센터 12층)

- 1995년　패션 악세사리 작품 전시회- 동서화랑(명동)

- 1997년　밀라노 CHIBI & CART SHOW 참관 - 1월 18일~23일

　　　　　97 Seoul Leather Goods Fair 및 피혁 악세사리 Show 참가 7월

　　　　　제14회 현대 악세사리 산업디자인 학원 작품전 9월 16일~20일

　　　　　장소 : KOEX 한국종합전시장

- 1998년　소상공인발전센터설치방안 (국회의원회관 소회의실에서 발표)

　　　　　1999년/ 2000년 패션 트렌드 관련 품평회 및 강의- 11월

- 1999년　밀라노 CHIBI & CART SHOW 참관 및 홍콩 국제 박람회 참관

　　　　　서울 국제 장신구 박람회 참관 예정(KOEX)

° 방송

- YTN 방송 <패션학원> - 현대액세서리학원

- <독점 여성> 1부(한진희, 이자영) 리사이클링 액세서리

- <센스업 정보 미팅> 박옥경 개인 인터뷰, 주얼리 업체

- <아름다운 여자> (이희재) 현대 수강생 출연 - 최고 도전 불가능은 없다

- 1999년 3월 29일 KBS 라디오 사회교육방송 <나의 삶 나의 인생>

- <피혁패션 전문 잡지 인물초대석> 현대액세서리산업디자인학원 박옥경 원장

삶과 철학이 담긴 액세서리

현대액세서리산업디자인학원 박옥경 원장

이영희 기자, 섬유신문

취미생활로 보석 나무공예(wire와 준보석 및 인조보석 등을 이용, 장식용 나무를 만드는 공예)를 처음 시작하게 되었다는 박옥경 원장. 83년 7월 우리나라에서는 최초로 충무로에서 보석나무 전시회가 열렸다. 그 관심이 대단하여 각 방송 및 언론에서 취재 보도하였다. 충무로에 보석나무공예연구소를 차리게 된 것이 후일 현대액세서리산업디자인학원의 모태가 된 것이다.

국내 액세서리 전문교육에 첫발을 들이며 국제적 수준 디자인, 쟁쟁한 제자들을 수두룩 배출하였다. 박옥경 원장이 특히 주력한 부분은 Immitation Jewelry(모조장신구) 및 피혁잡화(핸드백, 구두, 지갑, 벨트 등)이며 이 부분에서 박옥경 원장이 취한 이론화 방법은 직접 체험을 통한 정형화 방법이었다.

박 원장은 액세서리 교육과 관련하여 현대액세서리산업디자인학원은 국내에서 최초로 현 업계(특히 중소규모의 업체)와 산학협동 관계를 정립시킨 교육을 하고 있었다.

박옥경 원장이 가장 보람을 느낄 때는 학원을 수료한 학생들이 여러 중소업체에 취업하여 각자의 능력을 개발하며 커 나가는 것을 볼 때이다. 박옥경 원장은 "자신만의 노하우를 갖고 있는 사람만이 경쟁에서 우위를 차지할 것입니다"라고 말한다. 즉 한 우물을 꾸준히 판 사람만이 자신만의 노하우를 얻게 된다는 것이다. 박 원장은 "바람이 있다면 전문 분야 종사자에게 조금이나마 유리한 사회가 되는 것입니다"라고 말하며 액세서리 외길을 걸어온 것에 대한 자부심이 대단했다.

현대액세서리산업디자인학원 17년 전통 디자이너 배출 산실, 패션디자이너 공모전도 매년 개최

시장초대석 2000년 5월 2일, 권중길 기자

지난 1983년 태동되어 올해로 17년을 맞은 현대액세서리산업디자인학원은 액세서리 디자인 등 모든 패션 소품 디자이너를 배출하는 디자인 전문 교육기관이다. 패션 토털화를 지향하면서 부문별 전문디자이너를 육성해 한국 디자인 산업의 지평을 넓혀놓고 있다.

다양한 커리큘럼도 선보였으며 디자인 기초에서 이론 제작실습에 이르기까지 엄선된 교육과정을 수립해 현장에 바로 투입될 수 있는 인력을 양성한다.

특히 국내 최초로 패션액세서리 공모전을 매년 개최하고 있으며 우수학생에 대해서는 장학금 지급, 산학협동, 밀라노 현지 연결 교육, 창업지도 등을 통해 디자이너들의 경쟁력 강화에 힘쓰고 있다.

° 사진

HADA 핸드백 구두 실기 수업광경

현대액세서리산업디자인학원 전경

3장 국내 최초로 도전한 액세서리 교육

현대액세서리산업디자인학원
(HADA, Hyuadai Accessory
Design Acdemy) 포스터

HADA 컴퓨터(MACINTOSH)
컴퓨터 교육실시(국내 처음)

1992년~1997년 '밀라노국제장신구 및 보석·선물용품 박람회(약칭 CHIBICAR)' 참관

삶과 철학이 담긴 액세서리

1999년 이탈리아 밀라노MICAM, MIPEL (미캄& 미펠) 신발 가방전시관람

1997년 르네아펠레 Young Designer Contest(이탈리아 디자인 등용문)에서 한국인 최초로 가방 부문 1등을 차지한 현대학원 한의정 씨

1993년 1월 23~28일 '밀라노 박람회(CHIBICAR)' 참관 전시에서 학원생들과 함께

1999년 르네아펠레 이탈리아 전시참관 (샤테코, 구두, 핸드백 스쿨 대표)

3. ㈜디자인채널과 패션액세서리 온라인교육

: 2000년, 43세

| 액세서리 온라인교육의 장을 열다

2000년 새 밀레니엄과 함께 인터넷 시대가 활짝 열리며 그 열기가 뜨거웠다. 나 역시도 온라인을 통한 패션액세서리 교육과 정보 등을 제공하고자 ㈜디자인 채널을 창업하였다. ㈜디자인 채널을 통한 나의 궁극적 목표는 디자인 전문인력 네트워크 형성을 통한 패션액세서리의 글로벌 포털사이트 구축 및 운영이었다. 이를 위해 패션액세서리 종합 디자인과 인력 DB, 매뉴얼 구축 및 서비스 등으로 특화된 교육 콘텐츠 개발하고 서비스를 제공하였다.

| 모든 걸 쏟아부은 패션액세서리 온라인 교육과 포털사이트

처음 온라인에 관심을 두게 된 이유는 학원 홍보를 위해 매월 지출했던 신문광고 비용 때문이었다. 4대 신문, 일간스포츠, 관련 전문 잡지 등에 월 1천만 원이 넘는 광고료를 내고 있었다. 그러면서 벤처기업으로 지정받은 현민시스템 이화순 대표가 제안하여 설마 하는 마음으로 4페이지짜리 학원 홈페이지를 만들었고, 이를 운영한 지 얼마 안 되는 어느 날이었다.

항상 어느 매체를 통해 학원 정보를 접했는지를 상담 중에 묻곤 하는데

학원 홈페이지를 보고 왔다는 뜻밖의 말에 너무도 놀라 가슴이 뛰었다. 홈페이지를 통해 학원을 접하고 상담하는 학생들 숫자가 점점 늘어났다. 특히 대학 재학 중인 학생들의 수가 많았다.

난 그때 '바로 이거다'라는 생각이 들었고 현민시스템과 의논한 끝에 본격적으로 학원 홈페이지를 만들고 4대 신문 일간지 광고는 모두 끊었다. 광고비를 온라인 시스템 구축에 쓰기로 마음먹었다. 앞서서 액세서리 홈페이지를 만들고자 했고 나름의 자신이 있었다.

그동안 쌓아온 콘텐츠와 무형의 자산으로 중소기업진흥공단과 다산벤처회사로부터 투자받아 학원을 전문 액세서리 학교로 키워보자고 굳게 마음먹고 (주)디자인 채널을 설립했다. (주)디자인 채널을 통해 온라인 교육사업을 구현해 보기로 한 것이다. 그 후 온통 디자인채널에 정신을 쏟았다. 매일밤을 새워가면서 연구하고 회의하며 온라인 교육과 포털사이트 관련 홈페이지를 구축하고자 노력하였다.

20대 때 호주 유학을 준비하며 배운 컴퓨터 프로그래머 과정 COBOL 1.2, Assembler 1.2, Fortran, IOS 등 프로그래밍 개념이 머리에 남아있었는지 온라인 교육사업에 쉽게 도전할 수 있는 용기가 생겼다.

'죽을래 사업할래?'를 내 마음에 새기며 여태껏 해온 사업을 모두 정리하는 마음으로 패션액세서리 포털사이트 구축에 나의 모든 걸 걸었다고 해도 과언이 아니었다. 중소기업진흥공단에 현대액세서리학원의 자산가치를 의뢰한 결과 충분히 만족할 만하다는 평가도 나왔다.

모든 걸 쏟아부었지만 결과는 실패였다. 그때 패션액세서리 포털사이트 구축을 위해 쏟았던 열정이 비록 실패로 끝났지만, 최선을 다해 열심히 했으니 후회는 없다. 그 지점까지가 나의 실력이었고 한계였다는 걸 깨달았기 때문에 원도 한도 없이 가슴은 후련했다. 그러나 다시 한번 나에게 기회가 온 다면 못다 이룬 20년 전 액세서리 포털사이트를 지금의 디지털과 SNS시대 현실에 맞게 보완하여 토털 패션액세서리 온라인 교육사업에 도전해 보고 싶다.

| 포털을 목표로 한 다양한 시도

- 패션액세서리 교육콘텐츠 온·오프라인 서비스 제공과 온라인 교육을 위해 교육 내용 문서화, 디지털화가 가능한 교재와 책 만들기.
- 교육사업을 보자기 축제, 보자기 만화, 게임 등 캐릭터 디자인 개발로 접근.
- 패션액세서리 디자인 개발 및 패션액세서리 온라인 사업계획서, 교육· 사업영역 확대 구축 및 서비스 제공.
- 국내외 패션액세서리의 종합화·전문화된 디자인 데이터베이스를 기반 으로 디자인 지식경영, 디자인 DB 매뉴얼 서비스 제공.

| CYBER 공모전으로의 발전과 온·오프라인 교육

㈜디자인 채널을 창업하여 사이버 공모전과 졸업생들의 창업, 제자들의 실력향상과 취업, 업계진출 등 온라인교육 발전에 많은 도움을 주려고 노력 하였다. 매킨토시 그래픽 과정을 처음 액세서리디자인 교육에 수업커리큘럼 으로 적용하며 온라인교육으로서 더욱 새롭게 거듭나고자 했다.

<kofac.com>은 당시 진행되고 있는 한국패션액세사리공모전(Korea Fashion Accessory Contest) 사이트로서 공모전 진행은 물론 전 세계적인 전시산업의 모델로서 운영되었으며 KOFAC 1~6회 국제적 공모전이 CYBER 공모전으로 발전하기도 했다.

<hyundaidesign.co.kr>은 20년 동안 한국 패션액세서리 교육을 이루어온 현대액세서리산업디자인학원의 풍부한 콘텐츠를 기반으로 기존의 오프라인교육과 더불어 온라인교육 서비스를 제공했다.

| 활동 이모저모

° 사업내용

· 2000년 1월 17~18일 천/리/안/에듀테인먼트 페스티벌(주최 데이콤 천리안), 피혁/잡화/액세서리디자인 특강, 현대액세서리산업디자인학원 홈페이지구축

· 2001년 (주)디자인채널 우수벤처 지정, (주)디자인채널 디자인 전문회사 지정, HTTP://DESIGNCH.COM 오픈

· 2002년 1월 31일 산업부문 B2B 네트워크 구축지원사업 사업계획서, 패션액세서리 업종

· 2002년 2월 15일 소기업형 e-Business 모델개발 및 시범사업계획서/모조장신구협동조합 - 모조장신구 컨소시엄

· 2002년 BOK디자인하우스 사업 개시(WWW.bokdesign.co.kr)

° 전시

· 2004년 7월 4일 대서양홀 컨벤션센터(코엑스 3층) JEWEL FAIR KOREA 2004 참가

° 특강

· 2002년 제1회 <Beads Art 및 판매 사업설명회>(무역회관) 개최-Beads Artist 50
명과 Fashion Design 관련 국내외 주요 인사 참석

· 2004년 주얼리 D.I.Y(www.jewelrydiy.com) 사업설명회(제2회 코엑스 3층 대서양
컨벤션홀)

° 사진

2004년 크리스털비즈 BOK 복돼지 디자인

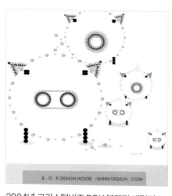

2004년 크리스털비즈 BOK 복돼지 패밀리 1

2004년 크리스털비즈 BOK 복돼지 패밀리 2

삶과 철학이 담긴 액세서리

2004년 크리스털비즈 강사 자격증

보자기 디자인 개발-포스터

보자기 디자인 개발 및 캐릭터 디자인, 작품 1

보자기 디자인 개발 및 캐릭터 디자인, 작품 2

4장

끊임없는 작품 활동과 전시회

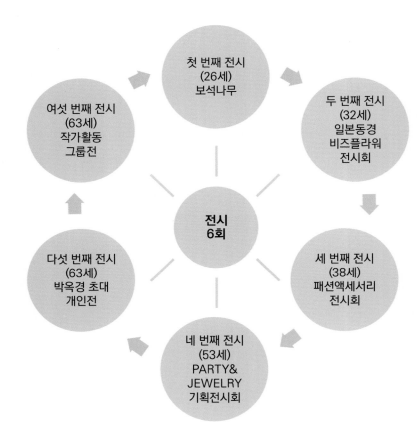

전시
6회

첫 번째 전시
(26세)
보석나무

두 번째 전시
(32세)
일본동경
비즈플라워
전시회

세 번째 전시
(38세)
패션액세서리
전시회

네 번째 전시
(53세)
PARTY&
JEWELRY
기획전시회

다섯 번째 전시
(63세)
박옥경 초대
개인전

여섯 번째 전시
(63세)
작가활동
그룹전

삶과 철학이 담긴 액세서리

1. 1983년 보석나무 공예작품 전시회

: 1983년, 26세

| 보석나무란?

보석나무는 중국 명나라 시절 여인들이 고가의 귀중한 보석(precious stone)을 숨겨 보관하기 위해 만든 공예장식품에서 유래했다. 여러 종류의 준보석(semiprecious)에 구멍을 뚫어 철사로 꿰어 만든 보석나무는 높은 예술성을 자랑한다.

| 자고 나니 유명인?

결혼 전 명동에서 보낸 소중한 추억의 순간들을 아름답게 장식해보고자 1983년 7월 내가 운영하던 충무로 펑펑의상실에서 실내장식용 보석나무 전시회를 열었다. 우리나라에서 처음으로 하는 전시회였다. 3년 동안 취미 생활로 만들어온 70여 작품을 선보였는데 반응이 뜨거웠다. 언론에 보도될 정도였고 생각지도 못한 반응에 나도 깜짝 놀랐다. 하룻밤 자고 나니 유명해졌다는 말이 이런 거구나 싶을 정도였다.

소재와 재료가 확장되는 보석나무 공예

쥬얼드 밍띵트리(Jeweled Ming-thing Tree)라고 불리는 보석나무 공예는 외국에서는 실내장식 취미로 널리 알려져 있다. 우리나라에서 소개된 것은 내 전시회가 처음이었다고 할 만큼 알려지지 않은 상태였다.

준보석-텀블스톤(Tumble stone)에 구멍을 뚫어 그 구멍에 철사를 넣고 꼬아 만든 것이 전통적인 보석나무 공예이다. 현대에 와서 나무공예 및 수공예 소재와 재료로는 비즈, 크리스털, 베네치아 유리, 준보석, 시드 비즈, 파이어 폴리시(Fire Polish) 등이 쓰이며, 기술이 발전함에 따라 천연 원석이 아닌 모조 보석이 공예작품에 많이 쓰인다.

새로운 취미를 알리고 창업으로 이어져

보석나무 전시는 많은 사람에게 새로운 취미 활동 분야를 알림으로써 취미 생활을 장려하였다. 나아가 취미에 그치지 않고 이를 활용하여 평생 직업으로까지 이어지도록 하였다. 특히 주얼리 숍, 수공예 취미 창업, 액세서리 판매 창업(수공예에 사용되는 소재를 이용한, 비즈, 준보석), 개인 공방 창업 등의 계기가 됨으로써 사회적으로 이바지하였다고 생각된다.

| 예술적 가치와 저마다 개성을 지닌 보석나무

　새로운 취미가 없던 시절에 시기적절하게 보석나무 작품이 신문과 방송을 통해 전국으로 널리 알려졌다. 취미 활동으로 보석나무 공예에 많은 사람들이 빠져들었고 차츰 취미를 넘어 부업과 창업으로 이어지며 영역이 확장됐다.

　지금의 보석나무 공예는 실내 장식품과 구슬공예, 패션액세서리로 세분화되고 전문화되고 있는 추세이다. 보석나무 공예는 재료와 형태의 다양성을 바탕으로 디자인하다 보면 독특하고 예술성이 있을 뿐만 아니라 저마다의 개성을 지닌 작품으로 탄생한다.

| 활동 이모저모

° **전시회**
   · 국내 첫 보석나무 전시회(충무로2가 63-1 펑펑의상실 내) - 1983년 7월 4~8일(5일간 진행하는 전시 계획이었으나 기간을 한 달로 연장)

° **방송**
   · 1983년 7월 14일, KBS TV <비밀의 커튼> 출연(김동건 아나운서)

° **신문**
   · 1983년 7월 6일, 『동아일보』 기사 외 1건

° 사진

1983년 7월 6일 보석나무 전시(동아일보)

1983년 7월 7일 소년동아일보 기사

1983년 7월 14일 KBS TV <비밀의 커튼> 출연 장면 만화(신동우 화백)

삶과 철학이 담긴 액세서리

1983년 7월 14일 KBS TV <비밀의 커튼> 출연 장면(김동건 아나운서)

1983년 7월 4~8일 보석나무 전시 초대장

보석나무 공예가로 소개된 모습

보석나무 작품명: 크리스털 매화꽃(1983년, 소재: 스와로브스키 크리스털, 동와이어, 실버용기), 크기(가로20X세로15X높이40)

보석나무 작품명: X-MAS TREE(1983년, 소재: beads, 그린와이어), 크기(가로20X세로15X높이5

보석나무 작품명: 열매(1984년, 소재: 자만호 원석, 와이어, 조개), 크기(가로20X세로15X높이3

보석나무 작품명: 수양버들(1984년, 소재: 연결beads, 동와이어, 수석&이끼), 크기(가로30X세로25X높이5

삶과 철학이 담긴 액세서리

보석나무 작품명:
환희(1983년, 소재: 스와로브스키 크리스털, 실버금속나뭇잎, 실버와이어), 크기(가로30X세로20X높이20)

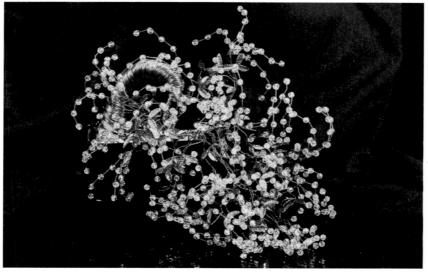

보석나무 작품명:
노송(1983년, 소재: 스와로브스키 크리스털, 골드금속나뭇잎, 골드와이어), 크기(가로24X세로12X높이30)

보석나무 작품명:
수양버들(1984년, 소재: beads, 그린와이어, 금속촛대), 크기(가로20X세로15X 높이7

삶과 철학이 담긴 액세서리

2. 도쿄 비즈플라워 전시회

: 1989년, 32세

| 제23회 국제평화축제 도쿄 국제문화협회

보석 부케 사업 이후 비즈플라워협회장으로도 인정받았다. 그 후 비즈플라워 배우기를 원하는 생화 꽃꽂이 수강생들과 동아문화센터, 그 외 제자들을 데리고 일본 도쿄 히비야공원에서 열린 비즈플라워 전시에 참여하게되었다. 전시회는 1989년 9월 19일~20일, 이틀간 재단법인 국제문화협회가 주관하는 제23회 국제평화축제에서 이뤄졌으며, 여기에 비즈플라워 작품을 출품, 전시했다.

비즈플라워협회 회장 위촉장

제23회 국제평화제 팸플릿

비즈플라워 작품명: 보랏빛 비즈 꽃송이(1989년, 소재: 시드beads, 스와로브스키 크리스털, 실버와이어), 크기(가로25X세로25X높이50)

비즈플라워 작품명: 새싹잎다발(1989년, 소재: 스와로브스키 크리스털, 실버와이어)

일본의 히비야공원은 일본에서 가장 오래된 서양식 근대공원으로 다양하고 매력적인 행사와 특별 이벤트가 수시로 열리는 도심 속 오아시스 같은 곳이다. 그 당시 생화, 조화, 비즈플라워, 인형 전시회가 열렸으며, 행사 규모가 대단했던 것으로 기억된다.

비즈플라워 작품명: 개나리(1989년, 소재: 연결beads, 와이어, 나무뿌리), 크기(가로30X세로30X높이5

비즈플라워 작품명: 바닷가(1989년, 소재: beads, 동와이어, 조개), 크기(가로20X세로20X높이50)

3. 패션액세서리 전시회

: 1995년, 38세

| 1995년 S/S(봄여름) 유행할 액세서리 트렌드별 전시

-1995년 2월 알파쿤스트화랑(청담동)

모조 장신구 분야에서 세계적으로 유명한 전시회인 '밀라노 국제 장신구 및 보석 선물용품 박람회, 약칭 치비카(CHIBICAR)와 프랑스 파리 프레타 포르테(Pret-A Porter, 세계 최대규모의 여성 기성복 박람회) 전문 전시를 보고 깊은 감명을 받았다.

밀라노, 파리 전시는 세계시장에서 유행하는 최신 패션과 액세서리 등의 제품 전시를 통해 현재와 미래의 트렌드를 소개한다. 최신 유행과 다음 해의 유행을 선보일 패션쇼 등 다양한 이벤트를 개최하며 여러 예술 분야에서의 의류와 액세서리를 매년 두 차례(SS/FW-봄여름/가을겨울) 만날 수 있다.

두 전시회 참가는 패션액세서리의 세계적 흐름과 동향을 직접 체험할 수 있는 계기가 되었다. 또한 새로운 디자인과 개발, 수출 동향 등의 정보와 자료를 입수하여 개발과 판매에 발 빠르게 대응할 수 있었다.

두 전시회 참관 이후 학생들의 창작 의욕을 고취하고, 그해의 패션액세서리 트렌드를 제시하고자 학생들의 창작 작품 전시회를 열었다. 이 전시회를 통해 학생들은 최신 패션 트렌드 정보와 아이디어 등 많은 영감을 얻는 계기가 되었고, 패션액세서리 95년 S/S(봄여름) 트렌드를 파악하고 끌어가는 실질적인 교육이 되었다.

전시회는 1995년 2월 15~18일 알파쿤스트화랑(청담동)에서 열었다. 작품의 주제는 그해 봄여름 유행할 다양한 트렌드의 액세서리였다. 전시를 통해 실험적인 작품세계를 나타내는 비닐 소재에 실버 느낌의 백과 매치한 액세서리와 골드매듭의 조화, 자연의 이미지를 연상시키는 CLAY BRIGHTS 등의 고급스러운 분위기의 액세서리 작품을 선보였다.

좌) 실험적 액세서리 작품세계(1995년 2월 15~18일까지 알파쿤스트화랑)
우) 매듭을 매치시켜 고급스러운 분위기의 액세서리 작품 표현(1995년)

1995년 S/S(봄여름) 유행할 다양한 액세서리 트렌드별 전시

현대액세서리학원 가족·재학생들과 함께

삶과 철학이 담긴 액세서리

4. PARTY & JEWELRY 기획전시회-서초동 갤러리 썬

: 2010년, 53세

PARTY & JEWELRY 기획전시회는 전통을 현대적으로 재해석한 새로운 아이디어 문화 전파를 목적으로 하였다. 작품 중, 수작업으로 제작한 스와로브스키 스톤과의 조화를 이루는 보스턴 핸드백 작품은 송치가죽의 화려함을 극대화한 파티백으로 비딩 핸드메이드가 돋보인다.

패션의 토털화로 의상에 맞는 주얼리와의 코디네이션이 점점 중요해지고 있다. 값비싼 의상과 주얼리만 있다고 패션이 완성되는 것이 아니다. 주얼리, 액세서리, 구두, 핸드백 등 패션 소품과의 모든 조화가 패션의 마지막 완성이다.

스타일이란 하루 이틀에 이루어지는 것이 아니라 평소에 창조적 감각을 익혀야 가능하다. 의상에 맞는 코디네이션으로 작은 변화 하나가 최고의 효과를 낼 수 있음을 파티를 통하여 보여주고자 했다.

이제 파티는 우리 사회에 하나의 문화로 자리 잡았다. 따라서 다양해지는 파티의 컨셉에 맞는 의상과 주얼리의 선택이 점점 중요해지고 있다. 인생은 파티다. 그리고 핸드백은 옷이다.

분당 삼성프라자 문화센터의 '주얼리 & 코디' 강좌에서 실제 파티를 하며 수업을 진행했다. 또 선상 파티에 어울리는 '파티 & 주얼리 코디' 수업과 기업에서 특강도 진행하였다.

PARTY & JEWELRY 코디 기업특강 때 회사 샘플실에서

PARTY & JEWELRY 수업특강

갤러리쎈 기획전

PARTY & JEWELRY
by B. O. K

2010. 9. 3 (FRI) - 9. 30 (SAT)
OPENING RECEPTION: 2010. 9. 3. (FRI) 5PM

갤러리 쎈
서울시 서초구 서초2동 1344-25호 1층, TEL: 070-7752-5336
전시문의:

PARTY & JEWELRY 가방 전시회 엽서
(갤러리 쎈, 2010년 9월 3~30일)

핸드백 작품명: 파티크러치백 : 스와로브스키스톤의
화려함과 고급스러움의 조화 (2010년)
크기(cm) : 가로27 X 세로10 X 높이20

삶과 철학이 담긴 액세서리

핸드백 작품명 : 송치가죽핸드백 : 스와로브스키스톤과 송치가죽과의 화려한 조화 (2010년)
크기(cm) : 가로30 X 폭20 X 높이35

핸드백 작품명 : 나비가죽핸드백 : 스와롭스키스톤의 화려함과 고급스러움의조화 (2010년)
크기(cm) : 가로27 X 폭17 X 높이35

핸드백 작품명 : 사각보석 핸드백 : 핑크가죽 , 사각 스와롭스키스톤 (2010년)
크기(cm) : 가로38 X 폭17 X 높이40

핸드백 작품명 : 나비태슬보석백 : 핑크에나멜 가죽 , 스와롭스키스톤 (2010년)
크기(cm) : 가로40 X 폭13 X 높이60

4장 끊임없는 작품 활동과 전시회

5. BOKKEY(박옥경) 초대 개인전-갤러리 다온

: (2020년, 63세)-나비가죽 개인전 작품 전시회

2020년 코로나 팬데믹이 찾아오면서 오랫동안 해온 동대문시장 사업을 정리하였다. 정리 후 남아 쌓여 있는 각종 자재들을 보면서 늘 상상해 왔던 전시를 하기로 마음먹었다.

10년 넘는 세월을 가슴속으로 나비를 모아 왔던 만큼 나비 전시회로 기획했다. 전시회 명을 '나비가죽 BOKKEY 초대 개인전'으로 정하고 2020년 6월 다온갤러리에서 열었다.

하늘하늘하고 나풀나풀한 나비를 어떻게 표현할까? 꿈속에서 현란한 컬러의 각양각색의 나비가 가슴으로 날아 들어온 그 느낌과 강인한 생명력을 무지개처럼 컬러풀한 가죽 줄로 표현했다.

나비가 자유롭게 하늘을 나는 그 광활함을 나는 동경한다. 수작업으로 수많은 나비를 만들면서 나는 수행을 겪는 것만 같았다.

| 활동 이모저모

° **영상**

· 네이버 동영상 - 가죽나비 bokkey 검색(GALLERRYDAON <나비 가죽> 2020.7.2. 참여 작가 bokkey)

· Youtube 동영상 - Bokkey 개인전 검색('나비가죽' 갤러리다온-7.17. 최승윤 작가)

삶과 철학이 담긴 액세서리

° 작가 노트

- · 2020년 6월 개인 초대전 - 가죽나비 작품 & 작가 노트

° 사진

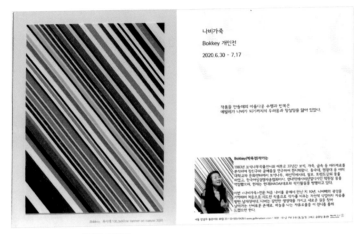

나비가죽 Bokkey 개인전 팸플릿

나비떼 Butterflyes-free2
60F 130.3X89.4
Leather on canvas 2020년

꽃밭 Flower garden
60F 130.3X97.0
Leather on canvas 2020년

나비 – free 1
60F 130.3 × 97.0
Leather on canvas 2020년

나비 세계
30M 91.0 × 60.6
Leather on canvas 2020년

frame 3
8P 45.5 × 33.3
Leather on canvas 2020년

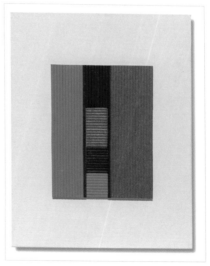

구상
8P 45.5 × 33.3
Leather on canvas 2020년

삶과 철학이 담긴 액세서리

6. 작가활동

: 2020~2022년, 63~65세

　코로나 팬데믹 때문에 2년이라는 시간을 집에서 보낼 수밖에 없었다. 60 평생 처음 전업주부 생활을 하게 되었다. 전업주부로만 만족할 수 없어 집에서 하나하나 작품들을 만들기 시작했다. 옥상 한편에 마련해 둔 작업실에 차곡차곡 작품이 쌓였고 그 작품들은 지금까지 내 삶을 지탱해왔던 모든 것이 승화되어 태어난 자산들이다. 내 품으로 낳은 자식과도 같은 존재임을 느낀다.

° 그룹전

　1) 제5회 JEJU INTERNATIONAL ART FAIR 제주아트페어 그룹전

　　첫 번째 참가(2021년), 64세, 메종글래드 제주

　2) 제1회 D-7 전시회 그룹전, 주제: 하늘숲 Skyforest

　　첫 번째 참가(2021년), 64세, 다온갤러리

　3) 제8회 BANK ART FAIR 뱅크아트페어그룹전, 주제: Sky World

　　첫 번째 참가(2022년) 65세, 인터콘티넨털 코엑스

　4) 제6회 ART JEJU FAIR 제주아트페어 그룹전, 주제: sudden cosmos

　　두 번째 참가(2022년) 65세, Lotte Hotel Jeju Convention Hall

하늘숲(Skyforest 1)
가로120cm×세로72cm, 캔버스, 와이어, 아크릴 물감, 크리스털비즈 (2021년)

삶과 철학이 담긴 액세서리

DREAM 그린 나비
73cmx73cm, 캔버스
가죽줄, 와이어, 아크릴 물감(스프레이)
(2021년)

DREAM 파란 나비
73cmx73cm, 캔버스
가죽줄, 와이어, 아크릴 물감(스프레이)
(2021년)

DREAM 주황 나비
73cmx73cm, 캔버스
가죽줄, 와이어, 아크릴 물감(스프레이)
(2021년)

°제5회 JEJU INTERNATIONAL ART FAIR 출품작

제5회 JEJU INTERNATIONAL ART FAIR 엽서(202

작품명: sky forest 2(black, 2021년), 크기[30(72×7, Leather on canvas], 재료(캔버스, 와이어, 금속)

삶과 철학이 담긴 액세서리

° 제8회 BANK ART FAIR 출품작

제8회 BANK ART FAIR 엽서(202

작품명: SKY WORLD(2022년), 크기
(40×60, Leather on canvas), 재료(캔버스,
가죽줄)

작품명: TASSEL 1(M12. 2022년), 크기(41X60),
재료(금속장식, 가죽줄, 캔버스, Leather on
canvas)

작품명: TASSEL 2(F6, 2022년), 크기(41X3, 재
료(금속장식, 가죽줄, 가죽캡, 골드참, Leather on
canvas)

° 제6회 ART JEJU FAIR 출품작

제6회 ART JEJU FAIR 엽서(2022년)

작품명: SUDDEN COSMOS 3(2022년), 크기(33.5X50) 재료(아크릴물감, Leather on canvas)

작품명: Sudden Cosmos 1(2022년), 크기(60X7, 재료(아크릴물감 스프레이, 핫피스스톤, Leather on canvas)

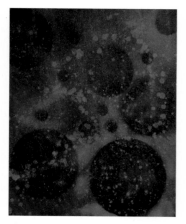

작품명 Sudden Cosmos 2(2022년), 크기(74X50), 재료(아크릴물감 스프레이, Leather on canvas)

삶과 철학이 담긴 액세서리

5장

한국 패션액세서리 공모전
(Korea Fashion Accessory Design Contest/KOFAC)

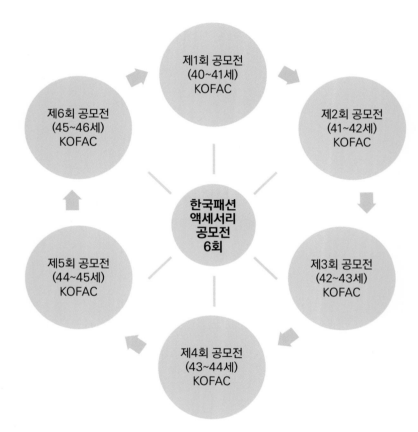

삶과 철학이 담긴 액세서리

1. 제1회 한국패션액세서리공모전

: 1997~1998년, 40~41세(Korea Fashion Accessory Design Contest/KOFAC)

한국 패션액세서리 디자인 공모전은 1~6회(1997년~2003년)를 진행하였다.

국내 최초로 순수 피혁 잡화 전문디자이너로 구성된 한국 패션액세서리 디자이너 그룹(KOREA LEATHER FASHION DESIGNER GROUP/KLFD)과 현대액세서리산업디자인학원이 산학협력체계 구축과 전문인력 양성을 위해 마련한 공모전이었다. 첫 공모전부터 4백여 명의 지원자가 몰리는 등 성황리에 공모전을 치렀다.

1회 공모전은 대상에 김상주 씨를 비롯하여 총 48명의 입상자를 배출했다. 통상산업부와 한국섬유신문사가 후원한 1회 공모전은 12월 5일 섬유센터 대회의실에서 시상식을 열고 세미나를 가졌다.

1회 공모전은 전국 해당 학과 학생과 학원생, 관련 업계에 종사하는 신인 디자이너를 대상으로 했으며, 포트폴리오 4백여 작품을 접수한 이후 3차의 정밀 심사를 거쳐 본선 진출 48명의 작품이 실물 제작되었다. 1회 작품의 심사 결과 전반적인 수준은 우수하고 실험적인 도전 의식이 뛰어나다는 평가를 받았다.

특히 출품작 중 가상브랜드를 만들어 컨셉 설정 및 작품 제작을 하는 면이 두드러졌으며, KOFAC의 가상브랜드를 적극 활용해 이를 산학연계할 수 있는 장을 마련하였다. 액세서리 공모전에서 입상한 순수 아마추어 디자이너들의 수준 높은 창작품을 성주인터내셔날 후원으로 명동 막스&스펜서에서 전시하였다.

| 개최 목적

- 한국 패션액세서리 산업을 이끌어 갈 전문디자이너 발굴을 통해 국내 패션액세서리 산업의 질적 성장
- 세계 시장에 당당히 내놓을 수 있는 전문 브랜드 육성
- 소비국에서 패션 수출 대국으로 재도약 도모
- 카피 국의 오명을 씻고 한국 정서에 맞는 독창적인 창작품 적극 개발

| 계획

- 매년 정기적인 행사로 기획, 한국 패션액세서리 산업 내 공식적인 등용문으로 정착
- 브랜드별 구인, 구직의 리크루트 역할 담당(공식적인 채용박람회도 개최 가능)
- 관련 업계 및 관련 학과 디자인 관련 행사 적극 지원
- KLFD를 국제적인 규모로 발돋움시킬 수 있는 다각적인 기획안 마련

| 주최

현대 액세서리산업디자인학원 / 한국 패션액세세리 디자이너 그룹

삶과 철학이 담긴 액세서리

° 응모부문

· 구두, 핸드백, 피혁소품 및 커스텀(costume), 주얼리

° 응모대상

· 패션액세서리 제품에 관심이 있는 국내외 20세 이상이면 누구나 가능

· 연령, 성별, 경력 및 소속에 제한 없음(학생, 일반인, 그룹 해외유학생도 접수 가능)

° 응모제한

· 국내외 이미 공개, 발표되었던 작품, 모방성이 농후한 작품

° 응모요령(신청 및 접수, 신청서류)

· 1차 접수: 일러스트 렌더링 제출

· 2차 접수: 1) 실물 제작한 작품 2) 작품 사진 3) 디자인 맵(창작한 디자이너의 영 감, 참고자료 등을 볼 수 있는 일러스트레이션, 사진자료, 디자인 아이디어를 표 현한 이미지)

° 시상 내용

· 대상 1명: 상장 및 상금 150만원, 해외연수 특전

· 최우수상 1명: 상장 및 상금 100만원, 해외연수 특전

· 우수상 2명: 상장 및 상금 60만원, 해외연수 특전

· 장려상 5명: 상장 및 상금 10만원, 해외연수 특전

· 특별상 3명: 상장 및 상금 10만원, 해외연수 특전

° 심사위원

· 권위 있는 업계, 학계 디자이너와 관련 전문가 중에서 위촉함

· <심사 주안점>

- 세계적인 패션트랜드의 이해 및 표현력(30점)

- 독창성과 창의성(20점), 상품화가 가능한 실용성과 활동성(50점)

 1) 평소 관심이 많았던 브랜드의 컨셉에 맞춰 독창적인 스타일 창작. 예) 무크나 쌈지 컨셉에 맞는 새로운 스타일을 기획, 제안하는 형태

 2) 가상브랜드를 개발, 그에 해당하는 컨셉과 작품 제안(그룹 참여도 가능)

| 전시회(신인디자이너 창작품 전시회)

명동 막스&스펜서 6층 전시장(1998년 2월 21일부터 2월 28일)에서 전시, 업계, 학계, 유통전문가, 언론 등 초청하여 산학협동체계 구축의 장 마련

| 제1회 한국 패션액세서리 공모전 성과

1. 공모전(KOFA) 주최, 2. 회원정보지 창간(A4 Vision), 3. 회원확보, 4. 트랜드 발표 및 각 언론매체 기사화, 5. 응모자수 1회 400 명, 6. 콘테스트 성과내용 ①업계 발전, ②입상자 전원 취업, ③창업가 탄생, ④가상브랜드

개발(상표등록), ⑤해외홍보(공모전 계기로 해외유학생 참여유도)

| 후원

산업자원부, 한국공예연합회, 한국섬유신문, (주)성주인터내셔날

| 협찬사

STAFF9, 에스콰이어, 패션 리더, M.C.M, 톰보이, (주)조이리즈, 써니엘, 피혁패션, 파도반, 스와로브스키, 서륭인터내셔날

| 홍보

- 광고–피혁패션, 섬유저널
- 기사–잡지(쎄씨, 섬유저널, 텍스타일 타임즈), 신문(일간스포츠, 한국섬유신문, 어패럴 뉴스)
- 학교, 단체–전국 대학교(389), 관련 업계(807), 방송국 및 백화점(33), 신문사(30), 잡지사(44), 디자인관련학원(32), 공예공방(39), 해외 학교(FIT, 이탈리아, 일본 등 10곳)
- 방송–KBS TV 오전 9시 뉴스(1회 한국 패션액세서리 공모전 & 전시회)

| 수상자 창업 및 활동

- 임지선: 제1회 KOFAC 97년도 수상자
- 건테이(GON TAE)란 브랜드 개발로 창업계획, 써니엘로 브랜드명 변경 후 전시회 개최(리츠칼턴호텔)→창업
- 최영진: 예기치(Yeggechi) 브랜드 등록 → 현재 창업 후 왕성한 활동 중
- 김상주: 연(Yeon) 브랜드 등록 → 현재 디자이너로 활동 중
- 도혜진: 도(Do) 브랜드 등록 → 현재 디자이너로 활동 중

| 1997년 제1회 KOFAC 수상작-수상부문, 작품명, 수상자 성명 및 소속 순

제1회 KOFAC 공모전과 전시회 포스터(1997년)

삶과 철학이 담긴 액세서리

대상 가방부문-김상주 <yeon>
상일공업고등학교 기계과 졸업
(현대액세서리산업디자인학원
정규반 1년과정 재학 중)

최우수상, 특별상(가상브랜드 개발상) 구두 부문-임지선,
<GonTae(건테이)>, 이대 영문학과 졸업, 서강대 경영대학원

우수상 주얼리부문-안준혜 <환상>,
극동전문대 산업미술학과 졸업

우수상 구두 핸드백부문-황미화 <궤도이탈>,
한남대학교 미술교육학과 졸업

장려상 주얼리부문-최현선 <결실>,
극동전문대 산업미술학과 졸업

좌) 장려상 구두 핸드백부문-한혜순 <竹>, 서천여자상업고등학교 졸업
우) 장려상 가방부문-이남재 <날개+지느러미>, 국민대 공업디자인학과 졸업

삶과 철학이 담긴 액세서리

2. 제2회 한국 패션액세서리 공모전

: 1998~1999년, 41~42세(Korea Fashion Accessory Design Contest/KOFAC)

한국 액세서리 패션디자이너그룹(KLFD)과 현대액세서리산업디자인학원
이 공동주최하고 한국산업디자인진흥원과 한국공예연합회가 후원한 제2회
한국 패션액세서리 콘테스트(KOFAC)가 성황리에 마치고 50명의 수상자를
선정했다.

1998년 10월 24일 1차 일러스트 렌더링 제출, 12월 24일 실물 제작 제출
을 거쳐 패션액세서리 공모전에서 입상한 순수 아마추어 디자이너들의 수
준 높은 창작품만을 1999년 2월 3일~2월 6일까지 한국산업디자인진흥원
2층 3실에서 전시하였다.

KLFD와 현대액세서리산업디자인학원은 공모전의 입상자들을 KLFD 회
원으로 흡수하는 한편 중견 현업 디자이너들과 신인들의 대화와 정보교류
제공의 장을 마련해 업계 발전을 위해 수준 높은 전문디자이너 발굴 및 육
성에 매진하였다.

| 개최 목적/주최

• 제 1회 대회와 동일.

| 개최 개요

° 응모부문/응모대상/응모제한/시상내용/심사위원

· 제 1회 대회와 동일.

| 전시회

• 시상식: 한국산업디자인진흥원 전시관(1999년 2월 3일)
• 전시회: 한국산업디자인진흥원 전시관(2층 3실)

삶과 철학이 담긴 액세서리

제2회 KOFAC 공모전 포스터와 시상식 사진

최우수상 가방부문-노학승 <학의 비상>, 전주 우석대 동양학과 졸업
학승은 '두루미 학'과 '오를 승'으로 ;학의 비상'이라는 뜻으로 학의 비상하는 모습을 통해 자신의 이상을 펼치고 실현하고자 하는 여성을 위한 Brand이다.

우수상 커스텀주얼리부문
신동숙, 한지윤 <도시인>
한양대학교 졸업
액세서리 브랜드 Zion은 20세기 말
의 혼란하고 불안한 사회 속에 살아
가는 현대인들에게 새로운 비전을 제
시하고 개성적 아름다움을 추구한다.

장려상 커스텀 주얼리부문
박희종, 정수연
<Holiday>
서울산업대 금속공예학과 재학 중

장려상 구두부문
강은희 <Blue water>
대전 실업전문대 의상학과 졸업

장려상 가방부문
김민경<Lailla>
성균관대 산업디자인학과 졸업

삶과 철학이 담긴 액세서리

3. 제3회 한국 패션액세서리 공모전

: 1999~2000년, 42~43세(Korea Fashion Accessory Design Contest/KOFAC)

세계적인 컷 크리스털그룹 스와로브스키와 국내 굴지의 전문인력교육 및 양성기관인 현대액세사리산업디자인학원이 공동 주최했던 제3회 KOFAC 에서 700여 명이 공모해 일대 성원을 이루었다. 제3회 KOFAC은 대상수상 자 김정아 씨를 포함 본상 시상자 9명과 특선과 입선에 각 54명과 72명의 수상자를 선정하고 1999년 11월 3일 리츠칼튼 호텔에서 화려한 시상식을 가졌다.

스와로브스키의 포럼과 함께 진행된 시상식에서는 이 회사가 제안하는 트렌드와 크리스탈 스톤, KOFAC 수상작이 동시에 전시됐으며 스와로브스키 본사에서 임원들이 대거 참가한 가운데 국제적인 규모를 연상케 했다.

3회 KOFAC에서 대상을 수상한 김정아 씨는 도시의 화려한 야경을 여성 의 미로 표현, 간결한 머리 장식을 만들어 미니멀하고 심플함 속에서 화려 함을 추구한 작품을 출품하였다.

| 개최 목적

- 한국 패션액세서리 산업을 이끌어 갈 전문디자이너 발굴을 통해 액세서리 산업의 질적 성장
- 세계 시장에 내놓을 수 있는 전문브랜드 육성과 패션 수출 대국으로 재도약 도모
- 한국 정서에 맞는 독창적인 창작품 적극 개발
- 전 세계적으로 진행해 온 '산─학연계를 통한 인재 양성' 차원에서 한국에서도 제3회 KOFAC을 현대액세서리산업디자인학원과 스와로브스키사와 공동 주최함

| 주최

현대액세사리산업디자인학원(HADA, www.hyundaidesign.co.kr)/스와로브스키(SWAROVSKI, www.swarovski.com)

| 개최 개요

° **응모부문**

- 커스텀(Costume) 주얼리부문(목걸이, 귀걸이, 반지, 헤어핀, 시계 등 신체 장신구류)
- 피혁 부문 및 패션소품부문(구두, 핸드백, 지갑, 벨트 등 피혁소품)

삶과 철학이 담긴 액세서리

° **응모대상**

· 연령 성별, 경력 및 소속에 제한 없음(학생, 일반인, 그룹, 해외유학생도 접수가능)

* 1차 합격자에 한하여 제작에 필요한 재료 무상제공(스와로브스키 스톤, 반드시 1차 심사 때 제출한 디자인으로 실물제작을 원칙으로 해야 함)

° **응모요령(신청 및 접수, 신청서류)**

· 1차 접수: 일러스트 렌더링 제출

· 2차 접수: 1) 실물 제작한 작품 2)작품 슬라이드 3)제작한 작품을 본인이 직접 착용한 사진(착용 및 활용 방법 착용시의 느낌, 모양 등 확인) 4) 디자인 맵(창작한 디자인의 영감, 참고자료 등을 볼 수 있는 일러스트레이션, 사진자료, 디자인 아이디어를 표현한 이미지)

· 인터넷 접수가능(http://www.kofac.com, http://www.kofac.co.kr)

° **시상 내용**

· 대상 1명: 상장 및 상금 300만원, 해외연수

· 최우수상 2명(주얼리부문, 피혁부문 각 1명): 상장 및 상금 각 200만원, 해외연수

· 우수상 2명: 상장 및 상금 각 100만원, 해외연수

· 장려상 2명: 상장 및 상금 각 50만원, 해외연수

· 특별상 2명(아이디어상, 장인상): 상장 및 부상, 해외연수

° **심사위원: 권위 있는 업계, 학계 디자이너와 관련 전문가 중에서 위촉함**

　　<심사 주안점>

-테마의 이해 및 표현력(사용 재료의 이해와 활용 정도) 30점

-독창성과 창의성(테마를 의미 있고 매우 창조적으로 해석한 작품) 50점

-상품화가 가능한 실용성과 활동성(무한함과 다양성, 현대생활과의 연관성) 20점

<심사위원>

-MR.K.Rampold(스와롭스키 본사)/스와로브스키 조용무 지사장

-한국공예협동조합연합회 문옥배 전무/중소기업청 서창수 과장

-서울산업대 오원택 교수/한국산업디자인진흥원 조성환 과장

-㈜레더데코(쌈지) 정금자 감사/성주인터내셔날 조보영 실장

-엘리자벳 최기란 실장

| 전시회

• 시상식: 리츠칼튼호텔 크리스털볼룸(1999년 11월 2일)
• 전시회: 한국산업디자인진흥원(2000년 1월 6일~9일)

| 99년 제3회 한국패션액세서리공모전(KOFAC) 성과

• 수상자 9명 전원 스와로브스키 오스트리아 본사 초청
• 수상자 전원의 작품을 스와로브스키 크리에이티브센터 박물관에 소장
  예정
• 세계적으로 유명한 책자인 스와로브스키 CRYSTAL FOUNTAIN에 참

가자들의 작품 소개

- 제4회 한국패션액세서리공모전 후원 결정
- 스와로브스키사 1억 후원(리츠칼튼 호텔 시상식 및 전시회)

| 후원

중소기업청, 한국산업디자인진흥원, 한국공예협동조합연합회, 한국여성경영자총협회, 한국패션협회, NOBLESSE

| 협찬사

서륭인터내셔날, SHELL JULI(H.K) CO. LTD

| 홍보

- 전시회: 리츠칼튼호텔 시상식 및 전시회
- 방송 G-TV, 동아 TV 방영(1999.11.)-제3회 KOFAC 전시회 및 수상작
- 수상부문, 수상작 작품명, 수상자의 성명 및 소속과 KOFAC공모전이 스와로브스키의 전 세계적으로 배포되는 트랜드 잡지에 실림
- 1999년 12월 30일 한국섬유신문

위)
제3회 한국패션액세사리
공모전(KOFAC) 포스터

우)
대상 커스텀주얼리부문
-김정아 <도시의 화려한 야경>
안산전문대

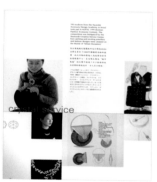

제3회 KOFAC 수상자 및 작품
(대상-김정아, 최우수상-김상희, 김정연, 우수상-박성준, 황연미, 장려상-황이영, 신지영)
이 스와로브스키 자체 발행 홍보 잡지에 실려 전 세계에 배포됐다.

삶과 철학이 담긴 액세서리

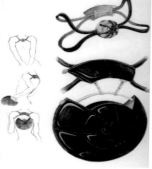

좌)
최우수상 커스템주얼리부문
-김정연 <예측불허>,
인하공업전문대

우)
최우수상 피혁소품부문
-김상희 <현대인>,
홍익대학교

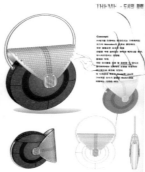

좌)
우수상 커스템주얼리부문
-황연미 <현대인>
서울산업대학원
㈜ 엠.주얼리수석디자이너

우)
우수상 피혁소품 부문
-박성준 <스타워즈>
서울산업대
제5시스템 팀장

좌)
장려상 피혁소품부문
-신지영 <창살>
이화여자대학원

우)
장려상 커스템주얼리 부문
-황이영 <일상의 전환>
국민대 주얼리디자인센터

제3회 KOFAC 시상식에 참여한 스와로브스키 관련 임원 Mr. Mortiin Biederman, Mr. Rampold, 스와로브스키 조용무 지사장, 서륭인터내셔널 대표 박일청, 스와로브스키 장문용 과장, 죠안리, 현대액세서리산업디자인학원 원장 박옥경

제3회 KOFAC 수상자 유럽연수
스와로브스키 본사 오스트리아 방문-크리스탈
월드 및 유럽여행

제3회 KOFAC 대상(김정아)

삶과 철학이 담긴 액세서리

4. 제4회 한국 패션액세서리 공모전

: 2000~2001년, 43~44세(Korea Fashion Accessory Design Contest/KOFAC)

스와로브스키는 참신한 인재발굴과 등용을 위해 세계 유명 디자인 학교를 대상으로 디자인공모전 개최 등 여러 활동 및 지원을 하고 있다. 이렇게 세계 패션산업의 발전을 위해 노력하는 스와로브스키는 오스트리아 와튼즈의 크리에이티브 센터(Creative Service Center)를 통해 2000년 제4회 한국패션액세서리디자인공모전 및 한국의 현대액세서리산업디자인학원(강의에 필요한 각종 자료)에 모든 지원을 하기로 하여 공모전이 진행됐다

제4회 한국패션액세서리디자인 공모전(KOFAC)의 테마는 서커스(Circus)로 정했다.

| 개최 목적/주최

• 제 3회 대회와 동일.

| 개최 개요

° 응모부문/응모대상/응모제한/응모요령
  · 제 3회 대회와 동일.

° 시상 내용

- 대상 1명: 상장 및 상금 300만원, 해외연수 특전
- 최우수상 1명: 상장 및 상금 200만원, 해외연수 특전
- 우수상 1명: 상장 및 상금 100만원, 해외연수 특전
- 장려상 5명: 상장 및 상금 각 50만원, 해외연수 특전
- 아이디어상 2명: 상장 및 상금 각 30만원
- 장인상 2명: 상장 및 상금 각 30만원
- 네티즌상 1명: 상장 및 상금 30만원

° 심사위원:

- 제 3회 대회와 동일.

| 전시회

한국산업디자인진흥원(2001년 1월 11일~13일), KOEX 대서양관 3F(2001년 1월 20일)에서 전시

| 후원

중소기업청, 한국공예협동조합연합회, 한국산업디자인진흥원, 한국여성경영자총협회, 한국패션협회, 피혁패션, 일간스포츠, 한국섬유신문, ㈜월간

주얼리, (주)SDN, 동아TV

| 2000년 제4회 KOFAC 공모전 수상작

좌)
제4회 KOFAC 공모전
포스터 및 초대장

우)
제4회 KOFAC 공모전
패션소품부문 최우수상
-현승희
<새신을 신고 뛰어보자 팔짝>
대구대 의상디자인과

좌)
커스템 주얼리부문 우수상
-정영아
<가슴 속에 사랑의 불꽃들이 영
원하기를 바라면서>
상명대 공예과

우)
커스템주얼리부문 장인상
-이승연
<서커스장의 까만 밤하늘을 수
놓은 불꽃놀이의 불꽃을 형상>
부산외국어대

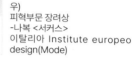

좌)
커스템주얼리부문 장려상
-문소이 <춤추는...>
동신대 보석학석사

우)
피혁부문 장려상
-나복 <서커스>
이탈리아 Institute europeo
design(Mode)

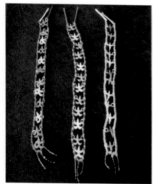

좌)
장려상
-현미아 <삐에로>
국민대 주얼리디자인센터

우)
패션소품부문 장려상
-김아영 <서커스>
동덕여대 의상디자인

좌) 커스템주얼리부문 렌더링상-지윤경 <날갯짓>, 서울산업대 금속공예
중) 렌더링상-박은주 <서커스>, 서울산업대 금속공예과
우) 패션소품부문 네티즌상-정소연 <서커스... 탈>, 동아대학

삶과 철학이 담긴 액세서리

5. 제5회 한국 패션액세서리 공모전

: 2001~2002년, 44~45세(Korea Fashion Accessory Design Contest/KOFAC)

한국 패션액세서리 산업 발전에 기여하고 유능한 전문 디자이너를 발굴 양성하려는 취지로 출발한 한국 패션액세서리 디자인 공모전(KOFAC)이 다섯 번째를 맞이하였다.

KOFAC은 정부, 언론, 국내 디자인 학계와 스와로브스키(SWAROVSKI)와 같은 세계적인 패션액세서리 업계의 관심과 후원하에 매년 발전, 성장하였다. 제5회 공모전은 기존의 공모전과는 달리 액세서리 및 패션잡화를 총망라한 국내외 CYBER 공모전과 기존의 공모전을 병행하여 세계 유명 디자인 학계의 후원을 받아 국제대회로 부상하였고, 국내외 패션 인재 교류 활성화에 기여할 것으로 기대되는 가운데 치러졌다.

| Theme(주제)

- 제1부: 무제(자유창작)
- 제2부: LIGHT, ENERGY, TALES(주제는 본인이 제1, 2부 중 복수 선택 가능)

| 개최 목적

- 한국 패션액세서리 산업을 이끌어 갈 신인 전문디자이너 발굴을 통해 액세서리 산업의 질적 성장
- 세계 시장에 내놓을 수 있는 전문브랜드 육성과 패션 수출 대국으로 재도약
- 국내 패션액세서리 산학협동의 장으로 산업의 질적 성장 발전 도모
- 한국 정서에 맞는 독창적인 창작품 적극 개발
- 국제대회로 부상 국내뿐 아니라 유학 중인 학생들과 전문인들까지 참여 유도

| 개최 개요

° 응모부문/응모대상/응모제한/응모요령
- 제 4회 대회와 동일.

° 시상 내용
- 대상(1명): 상장 및 상금 200만원
- 최우수상 비즈상(1명): 상장 및 상금 100만원
- 우수상(1명): 상장 및 상금 50만원, 한국디자인진흥원 원장상
- 성주인터내셔날(1명): 상장 및 상금 50만원, MCM상
- 고세상 (1명): 상장 및 상금 50만원

삶과 철학이 담긴 액세서리

· 장 려 상(2명): 상장 및 상금 각 20만원

· 렌더링상(2명): 상장 및 상금 각 10만원

· 네티즌상(1명): 상장 및 상금 10만원

· 특전: 대상, 최우수상, 우수상 수상자 200만원 상당의 교육 제공

° **심사위원: 권위 있는 업계, 학계 디자이너와 관련 전문가 중에서 위촉함**

　　　<심사 주안점>

　　　-세계적인 패션트렌드와 테마 이해 및 표현력(30점)

　　　-독창성과 창의성(50점)

　　　-상품화가 가능한 실용성과 활동성(20점)

| 전시회

• 2002년 1월 18일˜20일 창아스포츠센타 내 막스&스펜서 시상식
• 한국산업디자인진흥원(2002년 1월18일~20일)에서 수상작 전시

| 후원

한국패션협회, SDN-TV, 피혁패션, 귀금속과 보석, 섬유저널, 스와로브
스키, 쌈지, 고세, 성주인터내셔날(MCM, 막스&스펜서) 한국디자인진흥원,
중소기업청, 한국공예협동조합, 사라인터내셔날

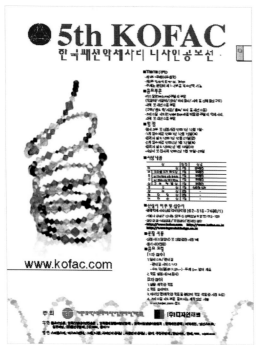

제5회 KOFAC 공모전 포스터

최우수상
(한국디자인진흥원 원장상)
-김미경
<Lap Land 눈의 나라 요정>
핀란드 헬싱키 국립대학원

삶과 철학이 담긴 액세서리

좌)
일반부문(커스텀 주얼리) 대상
-박남희
<LIGHT-Art-nouveaw Set
(neckklace,Ring)>
서울산업대 금속공예과

우)
비즈부문 대상
-박주리
<공작새의 깃털>
성신여대

좌)
비즈부문 대상
-류은영
오사카 YMCA 국제전문대

우)
우수상(고세상)
-신혜정
<꽃과 나비>
성신여대 동양화과

좌)
피혁부문 우수상
(성주인터내셔날 MCM상)
-최은희
<한복의 치마선+Lamp(Light)>
한국기술교육대 산업디자인

우)
피혁부문 우수상
(사라인터내셔널 BACK PACKER 상)
-허정희
<봄이야기>
계원조형예술대

좌)
커스텀주얼리 부문 장려상
-이준희
<빛바랜 꿈>
건국대학교 섬유공학과

우)
커스텀주얼리 부문 아이디어상
-배하나
<LIGHT 흐르는 강물처럼>
전남대학

좌)
패션소품부문 아이디어상
-박민지
한국디지털대학교

우)
패션소품부문 아이디어상
-김아람
<꽃밭에서>
부산대학 미술대 서양화

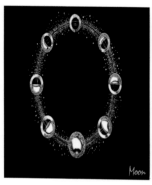

좌)
커스텀주얼리 렌더링상
-김주희
조선대

우)
피혁 렌더링상
-김민경
전남대

삶과 철학이 담긴 액세서리

6. 제6회 한국 패션액세서리 공모전

: 2002~2003년, 45~46세(Korea Fashion Accessory Design Contest/KOFAC)

현대액세서리산업디자인학원이 주최한 제6회 공모전은 그동안 접수 및 심사과정을 거쳐 선발된 최종수상자들을 시상하고 우수작품을 전시함으로써 발굴한 인재를 업계에 널리 알릴 방침으로 진행됐다.

어느덧 공모전이 6회에 이르며 패션액세서리 분야에서 국내 최고의 권위를 자랑하는 공모전이 되었고, 정부, 언론, 국내 디자인학계와 스와로브스키 등의 후원도 늘어나 성황리에 진행되었다.

작품 주제 'Janus'로 대상을 수상한 이성용(서울대 공업디자인), 김아람(국민대)의 공동작인 핸드백 작품은 제품의 구조적인 면과 소재의 선택, 독특한 디자인과 패턴 등이 1회에서 5회까지는 볼 수 없었던 형태로 창의력 부분에서 매우 우수한 점수를 받았다. 최우수상 최연미(한양대 금속공예)의 금속디자인작품은 조형성과 세트개념의 새로운 기획과 입체적인 표현으로 작품 주제 Dome의 목걸이, 반지로 높은 창의성 점수를 받았다.

그리고 피혁부문의 우수상을 받은 명지연(이화여대)의 작품은 제품의 포트폴리오와 이미지 구상의 일관성에서 높은 점수를 받았으며, 커스텀주얼리부문의 우수상 최정은(경기대), 오영지(경기대)의 작품 또한 정교하고 섬세한 세공 작업과 상품성 있는 세트 장신구로 완성도 면에서 좋은 평가를 받았다.

제6회 KOFAC CYBER 공모전 테마는 LEGENDS(전설)였다.

| 개최 목적/주최

- 제 5회 대회와 동일.

| 개최 개요

° 응모부문/응모대상/응모제한/응모요령/심사주안점
- 제 5회 대회와 동일.

° **시상 내용**
- 대상(1명): 상장 및 상금 200만원
- 최우수상(1명): 상장 및 상금 100만원
- 우수상(2명): 상장 및 각 상금 50만원
- 장려상(2명): 상장 및 상금 각 50만원
- 네티즌상(3명): 상장 및 부상
- 렌더링상(2명): 상장 및 부상
- 특전: 대상, 최우수상, 우수상 수상자 200만원 상당의 교육 제공

| 전시회

- 시상식: 2003년 3월 26일 오전 11시

삶과 철학이 담긴 액세서리

• 전시회: 가오닉스클럽(구 창아스포츠센타) 내 막스&스펜서

| 후원

한국디자인진흥원, 공예협동조합, 한국패션협회, 동아TV, 스와로브스키, 성주인터내셔날(막스&스펜서), 월간디자인, 섬유저널, 한국섬유신문, 피혁패션, 고세, 메세, 사라인터내셔날, 서륭인터내셔날, 유레카, 유미무역, 조이제화, 진희콜렉션

| 2003년 제6회 KOFAC 공모전 수상작

제6회 KOFAC 공모전 포스터

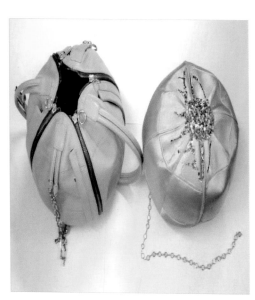

피혁부문 대상
-김아람, 이성용
<Trandslatable Janus-해석된 야누스>
국민대학교 조형대학 공업디자인,
서울대학교 디자인학부 공업디자인

삶과 철학이 담긴 액세서리

좌)
커스텀 주얼리부문 최우수상
-최연미
<돔(dome)>
한양대학교 귀금속공예
디자인대학원

우)
피혁부문 우수상
-명지연
<MUse- unique & noble>
이화여자대학교 조형예술대학
한국화, 섬유예술

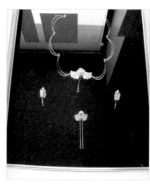

좌)
커스텀 주얼리부문 우수상
-최정은, 오영지
<전설 큐피드>
경기대학교 장신구디자인

우) 커스텀 주얼리부문 장려상
-이현정
<Design concept+Method>
홍익대학교 미술대학
금속조형디자인

좌)
피혁부문 장려상
-남혜진
<트로이의 목마(트로이전쟁에 얽힌
전설)>
연세대학교 의류환경학과
의상디자인 대학원

우)
피혁부문 네티즌상
-홍상희
<인어공주>
성신여대

6장

엑세서리와 사람들

1. 연마일 40년, 아직도 부부는 행복하게 일해
-광명연마

날짜 및 장소 : 2024년 3월 11일, 오금동 공장

대담 : 광명연마 노두선 대표 / 전 현대액세서리산업디자인학원장 박옥경

박옥경 원장: 노두선 대표님께서 종사하셨던 직종과 입문 계기를 말씀 부탁드립니다.

노두선 대표: 직장생활을 10년쯤 하던 중에 친구가 자기와 같이 연마 일을 해 보자고 하여 연마업에 입문하게 됐습니다. 그렇게 시작한 연마 일이 어느덧 40여 년에 이르렀습니다. 나이는 55년생 70세입니다.

박: 대표님께서는 처음에 어떤 제품을 연마하셨는지요?

노: 처음에 연마한 제품은 일본으로 수출하는 스테인레스 식기(Stainless steel tableware) 종류였습니다. 스푼 포크 나이프 등 주로 서양 식기였습니다.

박: 그럼 직장생활은 어디에서 하셨는지요? 회사 이름을 얘기해 주실 수 있나요?

노: 경동산업과 대림통상이었습니다.

박: 광명연마는 언제 창업하셨나요?

노: 1985년도쯤 되지 않을까 싶습니다.

삶과 철학이 담긴 액세서리

박: 연마를 정식으로 공부하셨나요?

노: 정식으로 해본 적은 없어요

박: 대표님이 연마를 시작할 당시에는 연마를 하는 분들이 많았나요? 그때와 비교해서 지금 상황은 어떤지 말씀해 주세요.

노: 그때만 해도 연마 일을 하는 사람들은 많았죠. 배우려는 사람도 많았고요. 그런데 지금은 일을 하는 사람도 드물고 배우려는 사람도 전혀 없습니다.

박: 40여 년간 연마를 하시면서 가장 호황이었던 시기는 언제였죠?

노: 1980년대 아시안게임(1986년)과 올림픽(1988년)이 끝나고 그때가 제일 호황이었습니다.

박: 당시 연마업 종사자 급여(초임)는 어느 정도였나요?

노: 월 20만 원 정도였던 것으로 기억합니다.

박: 연마가 구체적으로 어떤 일인지 간단한 소개 부탁드립니다.

노: 연마라는 것은 스테인리스 등과 같은 쇠의 표면을 깨끗하게 광택을 내주는 작업을 가리킵니다.

박: 그러면 액세서리를 연마하실 때 아이템은 주로 어떤 종류들이었을까요?

노: 물론 여러 가지 아이템을 하지만 연도와 계절별로 조금씩 다릅니다. 특정 시기에 무엇이 유행하는가에 따라 작업하는 아이템이 달라지기도 합니다. 예를 들어 브로치 귀고리 목걸이 등 다양한 아이템을 연마하는데 요즈음은 팔찌를 많이 하고 있습니다.

박: 요즘은 팔찌가 유행인가 봅니다. 경기가 좋았을 당시는 언제였고 그때는

주로 어떤 아이템을 많이 하셨어요?

노: 앞에서도 얘기했지만 1980~90년대에는 일이 너무 많을 정도로 호황이었습니다. 그때는 일만 하다 보니 특별히 기억나는 것은 없지만, 협력업체들과 수시로 거의 싸울 정도로 부딪히곤 했습니다. 업체들은 왜 우리 물건 빨리 안 해주느냐 하면서 불만을 쏟아냈고, 우리는 더 기다려 달라고 하니 부딪힐 수밖에 없었죠. 아무튼 그때는 일도 많이 했지만, 일거리가 늘 밀려있었어요.

그 호황기가 올림픽 이후예요. 88 올림픽 그 무렵에서부터 꾸준히 일이 있었고 IMF 때도 초기엔 호황기였어요. 2~3년 지난 후부터 안 좋아지기 시작했던 것 같아요. 호황기에는 유행하는 아이템뿐만 아니라 대중없이 다양한 아이템을 했어요.

박: 연마를 하신 후 주로 수출업체에 납품하셨나요? 그 당시 상황 좀 알려주세요.

노: 우리가 연마한 제품 중 80%는 수출, 20%는 내수였던 걸로 알고 있습니다. 남대문에서 가져가도 대부분 수출이었던 걸로 압니다.

박: 연마는 평생 해도 배울 것이 있다고 생각하십니까? 그리고 연마 일이 어렵고 까다로운 일이라면 주로 어떤 점을 말하는 건가요?

노: 연마 일이라는 것이 끝이 없습니다. 즉 물건의 종류도 다양할 뿐만 아니라 소량과 대량에 따른 차이도 크고 계속해서 새로운 제품이 나오기 때문에 그렇습니다. 이렇기 때문에 전체를 다 아우르려면 죽을 때까지 평생을 해도 모자랄 것 같습니다.

박: 연마 가격 책정은 어떻게 하죠?

노: 좀 어려운 얘기인데요. 그게 사실은 기준이 없어요. 협력업체 의견과 내 의견을 절충해서 단가를 책정합니다.

박: 언제부터 연마 사업이 더 이상은 안 되겠다고 생각하셨나요?

노: 글쎄요, 뭐 다른 사업은 어떤지 잘 모르겠지만 제가 하는 액세서리 제품은 중국 공장으로 일거리가 모두 옮겨가면서 자연적으로 한국에는 업체가 없어지니까 일거리가 거의 줄어버렸습니다. 그러면서 한국에서 연마 업은 어렵겠다는 생각이 들었죠.

박: 현재 광명연마 상황은 어떻습니까?

노: 갈수록 일이 줄다 보니 계속해서 사업을 유지하기가 매우 어렵습니다.

박: 광명연마에 의뢰하는 협력업체의 제품 대부분은 고가로 알고 있습니다. 앞으로는 우리나라에서 고가의 제품만이 살아남을 수 있다고 한다면 오히려 대표님은 더 유리하지 않을까요?

노: 사실 저도 그런 생각은 좀 하고 있지만, 아직까지 느끼지는 못하고 있습니다.

박: 연마하시는 분들이 대부분 먼지나 이런 것 때문에 50대에 병이 많이 온다고 하는데 대표님께서는 건강이 괜찮으신가요?

노: 글쎄, 저도 그런 얘기는 들었는데 저도 그렇고 선후배들도 폐가 안 좋아서 건강상 어려움을 겪은 사례는 한 번도 본 적이 없어요. 연마 재료가 모두 식물성이고 천(광목, 마, 청바지천)으로 쓰기 때문에 몸에 해로운 건 거의 없어요. 광약 자체도 제가 알기로는 식물성으로 알고 있습니다. 그래서

다행히 건강 문제는 없습니다.

박: 광명 연마에 시설하신 기계들에 대한 설명 부탁합니다.

노: 모두 연마 작업을 하는 데 필요한 기계들입니다. 큰 설비가 일본식으로 빠우모터인데 바로 연마 기계입니다. 그리고 먼지를 빨아들이는 기계인 집진기가 있습니다. 이 두 가지는 필수 시설이죠. 집진기 같은 경우 제 건강을 지키는 데 큰 역할을 하지 않았나 싶네요.

박: 연마를 하시면서 제일 기억에 남는 일 또는 아쉬웠던 일이 있으면 말씀해 주세요

노: 한 시계 업체에서 시곗줄을 연마해 달라고 했던 일이 기억에 남습니다. 저는 저 자신이 아주 잘한다고 믿고 액세서리보다는 한 단계 위라는 생각을 하고 나름대로 최선을 다해서 업체에 납품하러 갔어요.
양도 많아서 무거운 걸 들고 올라갔는데 업체 담당자가 물건을 보더니 고개를 저으면서 다른 업체에서 연마해 온 시곗줄을 보여주었어요. 그 물건과 비교하니 내 물건은 광택이 안 좋더라고요.
그때 내가 자만했다는 걸 깨달았죠. 그 후 다시 해주긴 했지만, 그때의 부끄러움과 창피함을 잊지 못합니다. 그 사건 이후로 내가 아직도 걸음마 단계라고 깨닫고 더 노력했던 것 같습니다.

박: 자제분들은 이 사업을 어떻게 생각하고 있나요?

노: 절대로 안 한다고 합니다. 그냥 나와 아내가 아직까지 행복하게 일하고 있다는 거로 만족하려고 합니다. 아쉽지만 저도 권유할 생각이 별로 없고

삶과 철학이 담긴 액세서리

우리 세대로 끝나지 않겠나 생각합니다.

박: 마지막으로 남기고 싶은 이야기와 그리고 후배들을 위해 한 말씀 해주세요.

노: 이제 저도 후배들을 위한 부분을 생각할 때가 되었죠.

연마 작업에는 시커먼 먼지가 뒤따르는 탓에 퇴근할 때는 항상 샤워를 해야 합니다. 이것 때문에 실제보다 힘든 일로 판단하고 요즘 젊은 사람들은 이 일을 모두 하지 않으려고 합니다. 실제 일을 접해 보지도 않고 보이는 것만으로 판단하여 배우려고도 안 하니 안타까울 뿐입니다.

연마라는 일은 노하우가 크게 작용하기 때문에 빠른 시간 내에 터득할 수 있는 일이 아닙니다. 그러나 쉬운 일은 경쟁이 치열할 수밖에 없고 경쟁을 뚫고 성공하기란 어렵습니다. 하지만 어렵고 오랜 시간이 필요한 일은 희소성이 있으므로 오히려 성공하기가 쉽지 않을까요. 이렇게 고정관념을 깨는 방식으로 한번 생각해 보라고 말하고 싶어요.

처음에 일을 배울 때 어떤 습관을 들이느냐에 따라 평생을 가는 길이 결정되는 게 인생입니다. 한번 습관이 되면 쉽게 못 고쳐요. 그래서 꼭 연마 일이 아니더라도 자신의 습관을 잘 살펴서 좋은 부분은 계속 지켜나가고 안 좋은 부분은 과감히 버린다면 분명 성공한 인생이 될 거라고 생각합니다.

박: 아직도 현장에서 고된 일을 하시며 액세서리 산업의 발전을 위해 묵묵히 자리를 지켜주시는 노두선 대표님께 깊은 감사를 표합니다. 인터뷰를 위해 귀한 시간 내주셔서 대단히 감사합니다.

연마기계/집진기

연마재료

연마한제품

삶과 철학이 담긴 액세서리

2. 대표로서 젊은 작가를 발굴하는 게 내 업무
-갤러리 다온

날짜 및 장소 : 2024년 2월 28일 갤러리 다온

대담 : 갤러리 다온 대표 이화희 / 전 현대액세서리산업디자인학원장 박옥경

박옥경 원장: 갤러리 사업을 시작하신 특별한 이유가 있으셨나요?

이화희 대표: 워낙에 내가 예술품을 좋아하여 시작하기도 했지만, 딸의 진로 문제도 작용했어요. 딸이 미대를 간다고 했는데, 작가보다는 비즈니스 디렉터로 성장했으면 하는 마음이 들다 보니 갤러리를 열게 됐습니다.

박: 다온 갤러리는 몇 년도에 시작하셨고 대표님의 주요 업무에 대하여 말씀해 주세요.

이: 2014년도에 창업하여 그때부터 운영했어요. 나는 대표로서 주로 젊은 작가를 발굴하고 그들의 작품을 시장에 많이 보여주는 업무를 하고 있어요. 또 전시를 하거나 인스타그램에 올려서 여러 사람들과 공유하거나 아트 페어에 나가서 사람들한테 보여줌으로써 그림을 알리는 일을 하죠.

박: 이 대표님이 추구하는 갤러리 다온만의 원칙이나 정신이 있다면 무엇일까요?

이: 예술 비즈니스는 봉사 50%, 수익 50%를 가지고 운영해야 한다는 원칙이

있어요. 이 둘이 조화를 이뤄야 발전이 있다고 생각해요. 그런 원칙으로 무엇보다 젊은 작가에게 포커스를 맞춰서 그들을 키우면서 같이 성장하자라는 뜻을 갖고 있어요. 이런 가치 추구 외 특별한 다른 정신이 있다기보다는 그 발전에 관한 문화의 변화를 읽어보고 싶은 그런 기본적인 생각을 하죠.

박: 갤러리 다온을 운영하면서 보람 있었던 기억과 갤러리 다온이 지금까지 성장해온 비결이 있다면 말씀해 주시지요.

이: 보람이라면 저희 갤러리를 거쳐 간 젊은 작가들이 시간이 지나면서 미술 시장에서 많이 찾는 작가가 된 거예요. 나름 저는 컬렉터 위주로 전시를 많이 했는데 오히려 그 친구들이 경제적으로 수익을 갖다 주는 좋은 결과를 가져왔고요.

갤러리 다온이 지금까지 성장해 온 비결이라면 큰 욕심 부리지 않고 제가 할 수 있는 범위 내에서 했기 때문에 무너지지 않고 여기까지 왔다고 생각해요.

박: 지난 팬데믹 기간 중 갤러리 다온은 어떠셨나요?

이: 팬데믹 기간 동안 갤러리 다온뿐만 아니라 우리나라 많은 갤러리들이 급속도로 성장을 했어요. 산업 쪽은 힘들었지만, 사람들이 갈 데가 없다 보니 오히려 페어에 몰리게 된 거예요. 그러다 보니 작품들이 노출되고 또 그들이 아트페어를 즐기는 공간으로 여기면서 아트페어의 맛을 깨닫게 된 거죠. 그리고 시대적으로도 우리나라가 선진국에 진입하면서 문화나 예술을 대하는 태도도 달라지고 이를 즐길 줄 알게 되면서 지금은 인식 수준이 높아졌죠. 그로 인한 기회와 변화가 따르면서 그림 컬렉터 층도 MZ 세대로 많이 바뀌었다고 봐요.

박: 갤러리 다온의 최고 호황기는 언제였고 어떤 그림들이 주로 판매되었는지 소개 부탁드립니다.

이: 호황기는 굳이 따진다면 앞서 언급한 대로 코로나 팬데믹 때이죠. 제가 20년 전부터 MZ 세대들에 포커스를 맞추면서 젊은 작가들을 중심으로 그림 컬렉팅도 하고 전시도 했어요.

2022년 화랑미술제에 한 40여 점을 가지고 나갔는데 한 네다섯 점 빼고는 모두 판매가 됐어요. 30대 초중반의 젊은 작가들 위주로 참가했는데, 그림이 많이 판매된 거에 비하면 수익이 그렇게 높지는 않았어요. 그래도 MZ 세대 그림을 퀄리티있게 해줬기 때문에 판매가 됐다고 생각합니다.

젊은 작가들 작품을 MZ 세대가 구입한다는 건 어떻게 보면 자기들 문화를 스스로 소비하는 것 같다는 생각이 들어요. 이제 문화가 바뀌어 가고 있다는 증거죠.

박: 그러면 어떤 그림이 주로 판매가 됐나요?

이: 아주 딱 떨어지는 그림보다는 감성을 흔들 수 있고 특색 있는 다양한 형식의 그림이랄까요. 다양하다는 거는 예전에는 원근법에 아주 손맛이 제대로 난 그런 그림을 잘 그린 거로 평가하고 그런 그림을 샀다면, 지금 시대는 멋스럽고 개인에 따라서 그 특색이 또렷한 그림, 그리고 그 작가만이 가질 수 있는 그 무언가가 있는 그림을 뜻해요.

박: 오래전 강남 선정릉 앞 사옥건물 (다온갤러리) 에 공예작가들의 작품 전시 환경을 갖추고 한명 한명 애정으로 젊은 작가들을 이끌어 주신 대표님께 액세서리 업계를 대표해서 깊은 감사를 드립니다.

공예나 패션 주얼리는 손으로 하는 순수 수공업이다 보니 쏟은 정성에 비해 작품 가격이 그림보다 낮은 것이 문제점으로 지적되고 있습니다. 공예작가나 주얼리작가 작품 전시는 어떤 애로점이 있을까요?

이: 회화 작업하는 친구들이나 갤러리들도 공예 작품 전시는 잘 안 하려고 해요. 그 이유는 공예 작품과 회화 작품의 판매가를 볼 때 회화 작품이 가격도 높지만 판매도 더 수월하기 때문이에요.

박: 공예작가, 패션액세서리나, 장신구 작가의 제품이 갤러리 다온에 많던데요.

이: 제가 원래 손으로 하는 작업을 좋아하다 보니까 배우게 된 것도 있어요. 처음에는 취미로 배웠다고 할 수 있지만 기본적으로 회화 작업이든 공예 작업이든 컬렉팅을 하고 싶었기 때문에 작업을 해봄으로써 이해하려고 시작했던 거예요. 생각보다는 어렵기는 했지만 재밌게 했어요. 아마도 내 안에 모든 예술을 다 담고 싶어 하는 그런 DNA가 있는 것 같아요.

박: 그림의 흐름을 알아야 패션액세서리와 주얼리 디자인의 상상과 응용이 가능하다고 생각하십니까? 요즘 그림의 흐름을 간단히 말씀해 주세요

이: 당연히 가능하죠. 그림에서 한 모티브를 따온다든가 아니면 그림 전체를 가지고 활용을 한다든가 아니면 그림을 봄으로써 또 그 라인이라든가 그런 색상 등등을 통해 상상으로 풀어나갈 수 있지 않을까 싶어요. 그런데 이게 반대로도 가능하다고 봐요. 장신구도 그렇고 공예품도 그렇고 그림을 봄으로써 회화 쪽으로 돌릴 수 있는 게 얼마든지 있다고 생각해요.

요즘 공예가들 작품은 예전 공예가들하고 다르게 디자인이 많이 들어가 있

어요. 미술 시장에는 디자인했던 친구들이 미술 시장에 뛰어드는 경우도 많거든요. 경계가 엄청 허물어졌죠.

박: 명화를 액세서리에 응용 접목하여 패션액세서리 제품을 생산해서 성공한 사례도 있습니다.

이: 제가 봤을 땐 그분이 동대문에서 유일하게 살아남지 않았나 하는 생각을 해요. 그분을 보면 모든 예술은 근면 성실하지 않으면 안 되는 것 같아요. 그분 작품을 많이 가지고 있고 작품도 많이 팔았죠. 갤러리에서도 판매를 했지만, 개인적으로 호텔 페어에서도 판매를 많이 해봤어요.
제가 깜짝깜짝 놀란 게 남대문 도매에도 그분 작품이 퍼져있었어요. 그래서 물어봤더니 남대문 도매상에도 작품을 준다 그러더라고요.

박: 디자이너들은 끊임없는 창조를 해야 한다고 생각합니다. 과연 창조란 모방에서 시작해야 하는 걸까요? 창조하려면 무엇을 해야 할까요? 대표님의 고견을 듣고 싶습니다.

이: 창조는 모방에서 시작할 수밖에 없다고 봐요. 일단은 배워야 하는 입장에서는 아이들이 ㄱ ㄴ 배우듯이 남의 거를 한번 카피해 보는 모방이 학습의 첫걸음이라고 생각하기 때문이에요.
창조는 많은 것들을 경험해야 하고 많은 것들을 봐야 하고 가장 또 중요한 거는 시대의 흐름을 알아야겠지요. 그런데 트렌드라는 건 돌고 도는데 거기서 모티브를 따 와야 한다고 생각을 해요. 제가 오늘 강의에서 들으니 예술은 가장 화려한 것을 지향하다가 그 화려함이 지겨워지면 가장 단순한 걸로 다시 되돌아온대요. 돌고 도는 그사이 사이에 작가들의 창조가 들어가

있는 거죠.

박: 70년대 80년대까지 패션주얼리 시장은 호황이었는데 현재는 디자인뿐 아니라, 기획, 마케팅 등 고객 소통, SNS 디렉팅까지 함께 아울러야 하는 상황입니다. 그림의 과거와 현재, 그림에 대한 간단한 역사나 마케팅 등, 생각나는 대로 말씀해 주시지요.

이: 그림이라는 게 철학 위에 있는 것 같아요. 내가 그림을 다루다 보니까 그림에는 그 사람의 생각과 철학이 들어가 있어야 하더라고요. 그림 안에 책한 권 이상이 담겨 있어야 하는 시대고 현대 미술 안에서 보면 모든 그림의 기초는 철학에서 나와요. 자기의 그런 철학이 단단하게 이뤄진 상태에서 논문 식으로 설명할 수 있는 작품이 결국은 이길 수 있는 거라고 생각해요. 작가 노트가 매우 중요하죠. 그러니까 대충 글을 써서는 안 돼요. 요즘 잘 나가는 김선우 작가 같은 경우도 대단히 글이 좋아요. 책도 많이 읽는 친구고 그런 게 단단하다 보니까 젊은 작가이면서도 원로 작가와 어깨를 나란히 할 수 있게 된 것 같아요.

박: 아트와 작품과 상품의 차이를 어떤 시각으로 보아야 할까요? 현재는 그 경계가 무너지고 있다고 합니다. 대표님 의견 듣고 싶습니다.

이: 경계가 무너지긴 했죠. 에디션으로 공장 가서 찍어내는 그림이 있지를 않나, 뭐 조각품이 있지를 않나…, 일단은 브랜드화해야 하는 것 같아요. 작가도 우리가 패션 주얼리나 액세서리를 브랜딩하는 것처럼 자기 자신을 브랜딩을 해야 하죠. 한두 가지로 되는 게 아니고 지금의 예술가들은 비즈니스 마인드도 있어야 합니다. 기본적으로 철학적인 체계와 경제적인 것도

갖춰야 하고 엔터테인먼트 기질까지 만능으로 요구되는 시대인 거죠.

박: 과거 8~90년대 초반까지만 해도 우리나라가 패션액세서리 세계 1위 생산공장으로 알려졌어요. 이후 그 명성을 잃었지만 K-CULTURE의 유행과 더불어, 앞으로 우리나라의 패션 산업도 과거보다 더 다양한 디자인과 콘텐츠를 활용한 액세서리 브랜드들이 글로벌하게 확대되어 나갈 수 있으리라 기대됩니다. 젊은 층의 참여로 글로벌한 K-ART를 실현하려면 어떻게 해야 한다고 보시는지요?

이: 사실 잘 모르겠어요…. 정확한지는 모르겠지만 이거는 재력 싸움이 아니라 자본 싸움인 것 같아요. 자본이 좀 튼튼하게 있어야 세계 시장을 흔들 수 있지 않을까요? 소자본으로는 이길 수가 없는 게임인 것 같아요. 그동안 액세서리나 장신구 비즈니스는 거의 다 소상공인 몫이 아니었을까 싶어요. 디자인도 디자인이지만 재력을 가지고 뭔가 브랜드를 사람들한테 확실하게 알리지 않으면 아무리 재주가 있다 한들 그냥 우물 안의 개구리같이 돼버리지 않을까요.

박: 88년 올림픽 전후로 해서 우리 국민들의 삶의 변화가 크게 이루어졌습니다. 소득 수준도 올라가고 삶에 대한 기대도 많이 바뀌어 가면서 문화나 패션에도 관심이 증폭됐습니다. 패션 주얼리는 금액적으로 어마어마한 시장임에도 그런 변화나 기대만큼 성장하지 못했습니다. 결국은 패션 주얼리 시장이 다품종소량생산이라는 문제와 연결되는 게 아닌가 싶은데요. ART와 접목을 시킨다면요?

이: 아트와 접목하여 사람들한테 호기심을 불러일으키는 아트 상품을 개발

한다면 일단은 작가의 유명세를 이용할 수밖에 없겠죠. 일단 유명 작가의 작품을 아트 상품으로 전환한다고 하면 사람들에게 그 상품을 구매하고 싶은 욕구가 발동하리라 봐요. 작품은 너무 비싸니까 구매 가능한 가격대의 아트 상품을 통해 대리만족하려 들지 않을까요.

유명 작가가 어느 큰 기업체와 협업을 할 때 작가는 그 유명세가 더 탄력을 받게 되고, 그 상품도 또 나름 그 작가의 작품이기 때문에 리미티드가 있을 거예요. 그러면 그게 사람들한테 호기심을 유발할 수 있는 요소가 되죠.

박: 또 다른 미래의 꿈과 계획이 있으면 말씀 부탁드립니다.

이: 저는 미래의 꿈이 있다면 100년 계획으로 볼 때 제가 죽고 난 다음에도 이게 유지되는 그런 아트센터가 됐으면 좋겠어요. 5년에서 10년 안에 자그마한 아트센터라도 만들어보는 게 꿈이에요.

박: 가까운 미래에 대표님이 꿈꾸시는 아트센터 설립이 꼭 이루어지기를 바랍니다. 오랫동안 인터뷰를 위해 귀한 시간 내어주셔서 감사드립니다. 갤러리 다온의 무궁한 발전을 기원합니다.

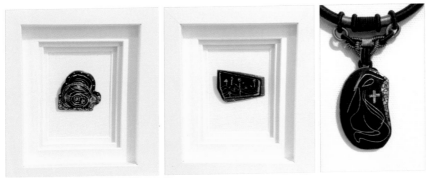

좌) <우주의 행성들> 이화희(gallery daon 대표), 2020년, 크기5×5cm (은입사로 제작한 브로치)
중) <가로수의 풍경> 이화희, 2020년, 크기 5×5cm (은입사로 제작한 브로치)
우) <기도하는 여인> 이화희, 2020년, 메달 크기 5×4cm (은입사로 제작한 목걸이, 회화적인 요소와 스토리를 넣어 벽에 걸 수 있게 했다)

좌) <평면작업> 이정엽, 2023년, 크기 270×270×70 mm
우) <acrylic objet trypophobia> 엄재원, 2022년, 크기 610×610mm

3. 남대문시장, 서울의 숨겨진 보석
-남대문시장 상인회 문남엽 회장 인터뷰

상인과 고객이 함께 성장하는 시장

한국을 방문한다면 꼭 가봐야 할 남대문시장

 600년 역사를 지닌 남대문시장은 대한민국 최대의 전통시장 중 하나로, 수많은 상인들과 소비자들에게 사랑받아 왔다. 그러나 최근의 디지털화 트렌드와 코로나19의 영향으로 그동안의 변화 없는 평온함이 큰 시험을 받고 있다. 민족의 큰 명절인 설을 앞두고 대한민국에서 가장 큰 전통시장인 남대문 시장 문남엽 상인회장과의 인터뷰를 진행하였다.

 문남엽 회장은 시장의 전반적인 상황, 상인회의 주요 활동, 그리고 앞으로의 계획 등에 대해 솔직하게 이야기해 주었다. 인터뷰를 통해 문 회장이 추구하는 가치와 비전을 바탕으로 남대문시장이 어떤 방향으로 나아가야 할지에 대한 통찰을 얻을 수 있었다.

Q. 회장님 간단하게 소개부탁드립니다.

A. 1989년도 액세서리 창업을 시작으로 현재 남대문시장 상인회 회장으로 활동하고 있습니다. 상인회에서는 남대문시장 상인들의 어려움과 요구사항을 해소하기 위한 정책을 추진하고 정부와 지자체의 지원을 이끌어내 상인들의 이익을 위해 끊임없이 노력하고 있습니다.

Q. 남대문시장 상인회의 주요 활동에는 어떤 것들이 있나요?

A. 저희 상인회에서는 시장의 매력을 알리고 홍보하기 위하여 이벤트 개최 등 다양한 마케팅 활동을 하며 시장 환경개선을 위해 시설 현대화사업을 신청하여 시장 내 시설 개선으로 상인들의 이익을 위해 다양한 활동을 진행합니다.

국보 1호인 숭례문 앞에서 포즈를 취하고 있는
남대문시장 상인회 문남엽 회장

Q. 남대문시장이나 상인회에서 가장 중요하게 생각하는 가치는 무엇인가요?

A. 남대문시장은 600여 년의 역사와 전통을 담고 있는 곳으로 이를 보존하고 발전시키며 상인들이 지속적으로 번영할 수 있도록 정책들을 제안하여 정부, 지자체의 상호 협력을 통해 상인들의 경영 환경을 개선하고 시장의 특성을 부각시켜 매력을 높이는 것이 상인회의 핵심 가치로서 남대문시장의 매력과 경쟁력을 높이고 지속적으로 발전시키기 위한 기반이라고 생각합니다.

Q. 시장의 활성화를 위해 어떤 전략을 세우고 계시나요?

A. 남대문시장의 마케팅 및 홍보를 강화하기 위하여 남대문시장 상인회 홍보위원단을 조직하여 홍보위원을 통한 다양한 홍보 채널을 활용할 계획을 하고 있으며, 정부 지원 사업만을 의존하지 않고 기업들에게 남대문시장의 기반 시설 개선을 위한 사업들을 제안하여 홍보, 마케팅 기회를 제공할 수 있게 남대문시장 유휴공간을 조성할 후원을 유도, 지속적인 지원을 얻을 기획안을 준비하고 있습니다.

Q. 최근의 남대문시장의 트렌드나 변화에 대해 어떻게 생각하시나요?

A. 코로나19 이후 최근 몇 년 동안 온라인 쇼핑 등의 디지털 트렌드가 시장 환경을 변화시키고 있으며 소비자들 또한 단순한 제품 구매보다는 체험과 감성을 중시하는 경향이 있어 문화행사나 체험 프로그램을 활성화시키는 등의 소비자들의 트렌드를 파악하여 경쟁력을 강화하여야 할 것입니다.

Q. 코로나19 영향으로 상인들에게 어려움이 많았을 텐데, 이에 대한 회장님의 견해는 어떠신가요?

A. 상인들은 영업 제한, 방문객 감소로 인한 매출 감소로 상당한 어려움을 겪었으며 종식 이후로 방문객 수는 증가했지만, 예전 수준으로 회복을 하지 못해 여전히 경제적인 타격을 받은 많은 상인들이 점포를 떠나고 있는 어려운 현실입니다. 특히 연령대가 높은 남대문시장에 젊은 고객들도 찾아올 수 있도록 다양한 상품을 좀 더 세분화하고 관심과 참여를 유발할 수 있는 체험형 판매 등의 마케팅과 혁신적인 사업기획으로 상

삶과 철학이 담긴 액세서리

인과 고객을 끌어들일 수 있는 창의적인 사업을 발굴하는 것이 매우 중요하겠죠.

Q. 회장님께서 생각하시는 남대문시장의 장점과 단점은 무엇인가요?

A. 남대문시장의 장점은 많은 역사와 오랜 전통을 지닌 국내에서 가장 큰 시장으로서 중심부에 위치하여 접근성이 좋고, 오래된 시장만의 독특하고 풍부한 문화와 매력이 있습니다. 하지만 문화재보호구역 경계에 있어 건축규제를 받아 재정비를 할 수 없어 시장의 발전이 더디어 시설 노후화와 시장 환경개선이 상당히 시급하고 혼잡한 동선과 휴게공간 부족으로 인한 방문객의 불편함이 상당히 큽니다.

Q. 남대문시장이 고객 휴게공간 및 주차공간이 부족하다는 의견이 많은데요.. 회장님께서는 이 부분을 해결하실 방안이 있으시다면 말씀해 주세요~

A. 상반기안에 아케이드를 C.D.E 동과 맞은편 본동 구간에 설치할 예정입니다. 아케이드 내에 중부시장처럼 중층을 설치하여 화장실 및 고객 휴게공간이 마련된다면 고객에게 편의를 제공할 수 있을 것이라 생각됩니다. 중층 설치의 필요성을 재차 강조하고 추가 예산을 확보하기 위해 서울시에 지원받을 수 있는 사업이나 기금을 마련할 수 있는 방법이 있는지 적극적으로 검토 중이며 부족한 주차공간은, 대안으로서 현재 우리은행과의 협력으로 본점 주차장을 주말, 공휴일만이라도 사용할 수 있게 되어 그나마 다행이라고 생각합니다.

Q. 남대문시장에서 유일한 유휴공간인 적환장을 어떻게 활용하실 계획이신가요?

A. 적환장 지하공간은 2018년 폐쇄 이후 현재까지 방치되어 있는 상태입니다. 적환장에 설치되어 있는 각종 기계 전기 설비를 치우고 적환장에 지붕을 없애 쉼터 공간을 조성하고 부족한 화장실과 편의시설을 꾸민다면 관광객과 시장 방문 고객들이 오랜 시간 머무르게 되며 편의성과 만족도가 증가할 것으로 예상됩니다. 적환장을 개발할 수 있는 지원이나 후원기업을 찾는 게 급선무이죠.

Q. 앞으로 남대문시장이나 상인회에서 추진하고자 하는 계획이있다면 말씀해주세요

A. 시장 내외부 환경을 개선하여 편의시설을 강화하고 찾아주시는 고객들에게 더욱 편리하고 쾌적한 쇼핑 환경을 제공할 수 있도록 다방면에 사업 신청을 할 예정이며 남대문시장의 매력을 알리기 위해 홍보활동을 강화할 것입니다. 다양한 행사나 축제를 기획하여 시장의 인지도를 높여 남대문시장의 발전을 일으켜야 합니다.

Q. 마지막으로, 남대문시장을 찾는 소비자들에게 하고 싶은 말씀이 있다면 말씀해 주세요

A. 남대문시장은 서울의 역사와 문화를 함께하는 오랜 역사를 자랑하는 대표적인 전통시장 중 하나로서 다양한 상품과 문화를 경험할 수 있는 곳입니다. 남대문시장을 많이 방문하여 주셔서 소중한 추억을 만들어 가시길 바랍니다. 감사합니다.

삶과 철학이 담긴 액세서리

상인회장님과의 인터뷰를 통해 남대문시장이 현재 직면하고 있는 문제와 해결책, 그리고 앞으로의 방향성에 대해 이해할 수 있었다. 그는 상인들의 어려움을 이해하고 이를 해결하기 위해 노력하는 한편, 시장의 발전과 소비자들의 편의를 위해 다양한 정책을 추진하고 있음을 알 수 있었다.

시장의 발전을 위한 문 회장의 노력과 헌신은 대단히 감동적이었으며, 남대문시장이 앞으로 어떻게 변화하고 발전할지 기대하게 만들었다. 문 회장은 "남대문시장은 상인 여러분의 노고와 헌신으로 오랫동안 번창해 왔습니다. 지금 이 시점에 우리는 더 나은 남대문시장을 만들기 위해 함께 노력해야 합니다."라는 말로 상인들에게 응원의 메시지를 전하였다.

출처: 스타트업엔(StartupN) 유인춘 기자(https://www.startupn.kr)

4. 액세서리로 재탄생한 바로크·로코코 시대의 명화
-모두피아

날짜 및 장소 : 2024년 2월 5일 모두피아

대담 : 모두피아 대표 원유경 / 전 현대액세서리산업디자인학원장 박옥경

박옥경 원장: 대표님, 모두피아 창업은 언제 하셨어요?

원유경 대표: 창업한 지는 벌써 24년이 됩니다. 동대문종합시장 5층은 초창기에 원단 창고로 사용했습니다. 2000년도에 동대문종합시장은 5층을 액세서리 창업자들에게 보증금 없이 6개월 월세 면제 조건으로 입점을 제안했습니다. 저도 그때 들어왔어요. 6개월만 하고 그만해야지 했는데 모두피아를 지금도 하고 있습니다.

박: 어떤 계기로 패션액세서리 사업을 하시게 되었죠?

원: 언니가 의류회사의 패션디자이너 이사로 근무하다가 퇴직하자 언니, 동생과 함께 동대문종합시장에서 원단 장사를 시작했어요. 이후에는 모두피아를 창업하기 전 몇 년간 언니와 함께 모자 사업과 패션 관련 일을 하다가 우연한 기회에 액세서리로 넘어오면서 독립했어요. 동대문종합시장 전성기에 창업한 것이 운이 아주 좋았다고 생각합니다.
동대문에서 창업 초기 에폭시라는 소재를 처음 사용하여 목걸이 브로치를 만들어 보았는데 에폭시는 원래 구질구질한 감이 있어서 앤틱 느낌이 나요.

삶과 철학이 담긴 액세서리

그냥 내 마음대로 디자인을 해보았는데 사람들이 모두 어? 하고 놀라는 거예요. 전혀 보지 못한 상품이어서 생소하게 생각했던 거 같아요.

20년 전에 동대문종합시장은 디자인된 제품들이 전혀 없었고 대부분 부품이나 부자재, 소재 등등 그런 종류들만 판매되었던 시절이었어요.

박: 처음 디자인하신 액세서리는 어떤 제품들이었나요? 그리고 디자인과 제작을 직접 하신 계기가 있으면 말씀해 주시지요.

원: 몇 년간 언니와 함께 모자 사업과 패션 관련 일을 하면서 처음으로 에폭시라는 것을 사용해봤어요. 내가 직접 목걸이와 브로치를 디자인하고 제작을 했어요. 그런 경험을 살려서 앤틱이라는 게 없었던 시절에 모자에 와펜 장식을 달았는데 특이한 디자인으로 인정받아 KBS 방송국 분장실에서 주문을 받았습니다. 그때 모자 200개에 앤틱 와펜 장식을 달아 방송국에 납품한 것이 계기가 되었어요.

그 당시만 해도 드라마에 나오는 주인공이 쓴 모자에 코르사주나 와펜 같은 장식이 달려 있지 않았어요. 그 후에도 제가 디자인한 제품들이 TV 방송에 많이 나오곤 했어요. 방송국 PD들이 지금도 우리 매장에 가끔 오곤 합니다.

박: 모두피아의 주 고객과 생산하는 주 아이템에 대해 자세히 말씀해 주시지요.

원: 손정환 브랜드를 비롯하여 백화점에 입점하여 있는 30여 개의 패션 브랜드에 납품과 해외 수출도 많이 했어요.

2000년대에 들어 정장보다는 캐쥬얼이 확산되면서 패션 브랜드로는 레니본, Y2k, 미샤, 세컨 브랜드 등 30여 개가 넘었는데 지금은 없어진 브랜드가 더 많아요. 그 당시에는 백화점에 입점해 있는 여성 의류 브랜드는 거의 저희 제품을 주문했어요.

모두피아의 액세서리 주 아이템으로는 에폭시, 실크프린트, 호마이카를 응용하여 만들어진 브로치, 목걸이, 귀걸이, 모자의 코사지 등이 있었습니다. 그 당시에는 토털 액세서리를 생산했는데 하청을 두 군데 두고 했어요. 이쪽 팀, 또 다른 팀까지. 그러니까 전성기 때를 얘기하는 거예요. 사업 시작하면서부터 10년간이 한창 정신없이 바쁠 때였어요.

박: 액세서리 사업을 하시기 전에는 미술학원을 운영하신 걸로 알고 있습니다. 전공이 어떻게 되시는지요?

원: 산업디자인을 전공했습니다. 산디과에서는 금속공예, 목공예 등 모든 공예를 다 해요. 그리고 배우는 게 아주 많아요. 그리고 엄하셨던 교수님은 일주일에 한 번씩 박물관을 방문하고 리포트를 꼭 써내라고 하셨어요. 덕수궁 등 궁궐과 박물관을 매주 가다 보니까 나중에는 쓸 게 없을 정도였어요. 그래서 쓸 게 없으면 하다못해 '오늘의 기둥은 뭐였다'라도 써서 리포트를 내야 했어요.

그때는 힘들고 하기도 싫었고 어려웠지만, 나중에 그 기본 지식이 나에게 큰 도움이 되었어요. 그런 경험이 있다 보니 살아남지 못하는 디자이너들은 그런 창조를 못 하기 때문이라고 개인적인 생각을 합니다. 많이 배워서 머릿속에 갖고 있지 않으면 창조가 나올 수 없어요.

액세서리도 마찬가지지만 패션 제품은 색감을 보는 눈과 감각이 있어야 하잖아요. 이게 없는 사람은 비싸다고 할 수밖에 없잖아요. 미술학원을 한 10년 정도 하고 보니 그런 감각을 알겠더라고요.

삶과 철학이 담긴 액세서리

박: 명화를 액세서리에 응용 접목하여 제품을 생산하는 기발한 아이디어와 노하우를 말씀해 주시지요.

원: 법이 허용하는 작품만 골라서 하다 보니까 더 힘들어요. 작가 사후 50년이 지나지 않은 작품은 저작권 침해가 되고, 사후 50년이 지난 작품은 괜찮지만, 아시는 것처럼 18세기 이전 거는 쓸 수가 없어요. 화풍이 자연주의가 되면서 18세기 말, 19세기 초부터 그림이 달라졌잖아요. 그 이전 로코코 바로크 시대는 거의 성당 위주의 그림이에요. 그러니까 쓸 만한 게 별로 없어요. 지금 시대의 선호와 맞지 않는 거죠.

18세기 후반 마네, 모네부터 시작해서 자연주의로 오면서 그림이 풍부해진 거예요. 지금 제가 쓸 수 있는 그림은 19세기 정도밖에 없어요. 저야 그림을 했으니까, 서양미술사를 좀 알고 시작하였지만, 기초가 없었다면 아마 더욱 힘들었을 거예요.

19세기, 20세기가 뭐가 중요하냐고 하지만 굉장히 중요해요. 왜냐하면 바로크 로코코부터 비잔틴, 아방가르드까지 그림의 흐름을 알아야 하거든요. 제가 하는 이 브로치 디자인도 19세기 건축 형식에서 응용한 거예요. 그런 개념이 없으면 전혀 상상이 안 돼요.

박: 사장님께서는 액세서리 사업이 언제부터 어려워졌다고 생각하세요?

원: 그전에는 중국 수출이 잘되었는데 중국 바이어들이 오다가 못 오는 거예요. 바이어가 우리 제품을 많이 가져갔는데 왜 요즈음 안 가져가냐고 물어볼 정도였으니까요. 중국 수출이 부진해진 그 시점부터 어려워진 것 같아요.

박: 액세서리 창업을 꿈꾸는 젊은이들에게 한 말씀 해주신다면요.

원: 기초실력이 우선은 튼튼해야 하겠고 일단은 그냥 여러 방면에서 경험해야 하겠더라고요. 경험이 정말 중요해요. 특히 액세서리라면 나는 판매부터 해보라고 말해주고 싶네요.

우리 매장 단골로 오는 액세서리 디자이너가 말하기를 해외로 유학을 갔더니 아르바이트로 판매직을 꼭 시킨대요. 그렇게 현장에서 사람들이 어떤 취향을 좋아하며 사람들을 어떻게 대우해야 하는지 등등의 것들을 파악하고 귀담아들은 다음 꼼꼼히 메모해 놓으면 디자이너로서 일할 때 큰 도움이 된다고 했어요. 그래서 나도 현장 경험이 최고라고 생각합니다.

디자이너가 책상에 앉아서 가만히 있으면 디자인이 어디서 나와요? 절대 안 나오지! 현장이 최고지. 그래서 발품을 많이 파는 디자이너가 되어 보라고 말해주고 싶어요.

박: 미래 계획이 있으신가요?

원: 앞으로 희망은 지금 이대로 사업하다가 어느 순간 액세서리 사업을 못 하게 되면 미련 없이 문 닫으려고 합니다. 그다음에는 인문학 강사를 하려고 해요. 제가 원래 20대에 역사학을 전공하려고 역사 공부를 했었어요. 그래서 지금 역사 인문학 공부를 열심히 하고 있습니다.

박: 대표님의 소중한 말씀 잘 들었습니다. 긴 시간 인터뷰에 응해주셔서 감사합니다. 모두피아가 앞으로도 계속 번창하기를 바랍니다.

명화브로치 완제품 / 모두피아(동대문종합시장) 매장

5. 작은 일이라도 꾸준히 하면 역사가 돼
- 보우인터내셔널

날짜 및 장소 : 2024년 1월 23일, 보우실업

대담 : 보우인터내셔널 대표 김명자 회장 / 전 현대액세서리산업디자인학원장 박옥경

박옥경 원장: 보우인터내셔널을 창업한 계기를 알고 싶습니다.

김명자 회장: 결혼 전에 남편이 전자 회사에 다녔어요. 그 당시 전자부품에 사용하는 에폭시를 동그랗게 은박지에 입혀서 공깃돌처럼 만들어서 제게 선물로 주었어요. 그 은빛 공깃돌에 고리를 예쁘게 만들어 목걸이처럼 걸고 다녔는데 그걸 보고 남편이 우연히 남대문시장 액세서리 도매상인에게 보여주었어요. 상인은 에폭시가 페인트처럼 쉽게 벗겨지지도 않고 색도 변하지 않는다는 설명을 듣고는 색칠을 해줄 수 있냐고 의뢰했는데 그것이 사업의 계기가 되었어요.

결혼 후 남편이 이참에 무역회사 하나 만들고 여권 만들어서 그토록 소원이던 외국 여행이나 마음껏 하지 그러냐고 권유했어요. 저는 외국 여행이라는 소리에 귀가 솔깃하여 남편이 주는 일천만 원으로 1985년 6월 10일 무역회사 보우를 창업하게 되었습니다.

박: 김 회장님께서는 보우인터내셔널을 운영해 오시면서 사업과 함께 디자이너 역할도 같이 해오신 것으로 알고 있습니다. 디자인을 위해 어떤 노력 하셨는지 궁금합니다.

김: 34살에 새로운 주얼리 비즈니스를 시작하는 저는 가슴이 뛰었습니다. 주얼리 디자인 공부를 정식으로 하지 않은 저는 보석디자인 책을 사다 공부하면서 디자인 개발에 들어갔습니다. 남대문에 외국 서적을 파는 책방에 가서 수출에 필요한 디자인에 관한 책을 있는 대로 모두 구입해 공부했습니다. 디자인 공부를 하면서 외국 잡지들을 사다가 유행하는 트렌드까지 살피며 어떠한 제품을 만들어야 하는지 고민하고 결정한 다음 제품 개발에 들어갔습니다. 당시는 대부분 주얼리 공장이 싸구려 저가 제품만 취급하여 기계로 찍어내는 프레스 제품이나 카피 캐스팅 제품들이 대부분이었습니다. 그리고 대부분이 체인 종류만 만들고 있었는데, 한국 기계 체인은 품질도 좋고 가격이 좋아 전 세계에서 대단한 인기가 있어서 주얼리 수출의 80% 이상을 차지하고 있었습니다. 이리(익산)공단에서 나오는 큐빅(cubic zirconia) 커팅 기술과 품질이 세계적으로 인정받아 수출을 많이 하고 있다는 정보도 알았습니다. 그래서 '다이아몬드와 똑같은 공정으로 만든 큐빅을 금, 은 대신 신주로 만들어 보석이랑 똑같은 품질을 만들어 보자고 다짐하고, 브랜드는 martelli(마르텔리)로 하기로 했습니다.

박: 전 세계에 40개 넘는 브랜드를 30년 이상 유지하며 국제경쟁력까지 갖춘 김명자 회장님께 존경을 표합니다. 해외에서도 보우인터내셔널이 당당히 인정받고 있는 것으로 알고 있습니다. 세계적 브랜드에 대한 여러 가지 자세한 설명 부탁드립니다.

김: 그럼 샘플실 안내하겠습니다. (샘플실로 이동) 이곳은 바이어와 상담하는 곳이기도 합니다. 보시는 샘플들은 모두 제가 수출한 브랜드들입니다.

박: 이 많은 제품이 모두 보우인터내셔널이 수출한 액세서리들이죠? 대단하군요!

김: 보우인터내셔널이 생산 수출한 브랜드가 45개로 전 세계 백화점이나 면세점에서 팔리고 있습니다. 브랜드별로 간단히 제품 설명해 드릴게요.

RALPH LAUREN – 브랜드 랄프로렌은 소재가 거의 원석이에요.

MARK JACOBS – 마크제이콥스는 제품이 특이해요. 디자인은 실험적이면서도 아주 멋스럽고 99%가 자체적으로 디자인합니다.

ALEXIS BITTAR – 알렉시스 비타르는 액세서리 매장에서 안 팔고 보석 판매하는 매장에서만 판매하는 미국에서 유명한 브랜드입니다. 디자인이 아주 독특하고 브랜드에 대한 자존심이 아주 높아요.

IVANKA TRUMP – 이반카 트럼프 브랜드는 트럼프 딸이 하는 브랜드예요.

MAXMARA – 막스마라는 액세서리 디자이너가 없고 옷 디자이너만 있어서 보우인터내셔널이 100% 디자인을 해주는 브랜드입니다.

J.CREW – 제이크루 브랜드는 오바마 대통령 부인이랑 딸이 좋아하는 브랜드라서 그전에는 이름이 없다가 오바마가 대통령 됐을 때 확 떴어요. 샘플실에 있는 모든 제품의 소재 대부분은 보우인터내셔널이 개발한 유리에 다이아몬드 커팅을 하여 천연 보석 컬러로 개발한 글라스(유리)입니다.

삶과 철학이 담긴 액세서리

박: 세계 최초로 유리에 다이아몬드 커팅을 하는 기술은 보우인터내셔널의 자체 기술인가요? 자세한 설명 부탁드립니다.

김: 유리에 다이아몬드 커팅을 하여 천연 보석 컬러로 개발하는데 이 기술로 보우인터내셔널이 세계 유명 브랜드 제품의 생산과 성공에 크나큰 역할을 했습니다. 저는 유리구슬과 거울을 만드는 글라스(유리)도 커팅이 가능하다는 것을 알고 바로 중국 유리 공장에 체크무늬 커팅을 시켜보았고 성공적으로 나오기 시작했습니다. 다음 단계로 다이아몬드 커팅까지 성공적으로 이루어졌습니다.

그리고 창업 초창기 코트라에서 하는 시장 개척단에 참가하여 베네치아에 있는 유리 공예 공장을 방문하였습니다. 여기에서 본 다양한 색깔을 빨강, 파랑, 초록 등 단색만 나오던 컬러에 접목해서 천연 보석의 색이 나오도록 하는 데 성공하면서 이 재료로 비싼 크리스털 수입품을 대체하였습니다. 수입에 의존하던 크리스털 스톤은 기계 커팅이어서 크기와 모양이 한계가 있고 특허품이라 가격도 무척 비쌌지만, 핸드 커팅하는 유리는 다양한 모양과 크기가 가능하고 중국의 싼 인건비 때문에 가격 경쟁에서 유리한 조건을 갖추게 되었습니다.

박: 온 세계가 팬데믹으로 충격적이었는데 보우는 어려움이 없으셨나요?

김: 베트남 보우인터내셔널 공장을 2013년 착공, 2015년에 완공하여 2016년부터 생산을 시작하였습니다. 4년 동안 수많은 실패를 거듭하면서도 용기를 잃지 않고 재도전하여 마침내 베트남에서는 보우인터내셔널만이 유일하게 고급 패션 주얼리 생산에 성공하였습니다. 그런데 예상치 못한 코로나로 메인 바이어 7개 회사가 파산하는 여파로 그동안 100억 이상을 쏟아부은

베트남 공장이 2021년 4월 1일로 휴업에 들어갔어요.

박: 하루에 80% 이상을 보석디자인에 쓸 정도로 사업에 열의와 열정이 대단하신 것으로 알고 있습니다. 디자인이 제품의 세계화를 잇는 출발점이라고 생각하십니까? 패션액세서리 교육에 종사한 저로서도 디자인에 대한 갈증과 의문, 궁금증 등에 답을 얻지 못했는데 김 회장님께 디자인의 세계화에 대한 이야기를 더 듣고 싶어요.

김: 아시아에서 반제품만 수입해 가던 모네 회사가 뜻밖에 보우에 완제품 샘플 주문을 주었습니다. 그것도 보우인터내셔널 디자인 그대로 ODM 방식(자체 개발 및 자체 디자인 생산) 거래가 성사된 것이지요.

모네는 유리 자재 개발에 커다란 관심을 보였어요. 유리에 천연 보석 컬러와 다이아몬드 연마에다 기계커팅이 아닌 핸드커팅이어서 사이즈와 모양을 자유자재로 변형할 수 있다는 것과 가격에 크게 놀라더군요. 보우인터내셔널 제품에 날개를 달아준 모네 제품은 불티나게 팔렸고 전 세계로 나가는 모네 제품의 70% 이상을 보우인터내셔널 공장에서 만들었습니다.

보우인터내셔널이 개발한 글라스 자체는 엄청난 속도로 확산되었고 이 자재 개발과 활용은 한국 주얼리 수출회사들의 하이 브랜드 생산 진입에 커다란 교두보 역할을 한 셈이지요.

아시아 제품에 눈길도 안 주던 패션 주얼리 하이 브랜드들과 당당하게 함께 일할 수 있었던 것은 많은 화가의 그림을 보고 공부하면서 생긴 자신감이었습니다. 모네 브랜드의 모태인 모네에 관하여 공부하기로 하고 먼저 프랑스로 가서 화가 모네 생가를 방문하고 모네 그림의 배경, 화풍, 색채감 등을 연구했습니다. 모네에 관한 책들을 사다가 읽어보니 모네 주변 화가들, 반고흐, 고갱, 르누아르, 세잔, 드가, 바지유, 마네 같은 화가들에게 관심이 가게 되어 그들의 화풍과 색채감에 점점 매료되었습니다.

그 화가들을 밤낮으로 연구하면서 많은 것을 배웠습니다. 이때 세계적인 화가들의 색채감에 미쳐서 공부하고 연구한 것이 훗날 콧대 높은 세계 패션 주얼리 전문가나 거장 디자이너들과 함께 어깨를 나란히 하고 일할 수 있는 자신감으로 나타났습니다. 만약에 모네가 아닌 다른 브랜드로 시작하였더라면 과연 이런 기적이 있었을까요?

2001년도엔 대통령 표창을 받았고 무역의 날엔 김대중 대통령으로부터 격려의 편지도 받았습니다.

박: 마지막으로 하시고 싶은 말씀이나 남기고 싶은 이야기 해주시기 바랍니다.

김: 지금 저는 70을 바라보는 나이에 또 다른 꿈에 도전하고 있어요. 제가 이 꿈을 이루든 못 이루든 살아 있는 한 꿈에 도전할 것입니다. 아무리 작은 일이라도 혼신을 다해 30년을 꾸준히 하면 위대한 역사가 됩니다.

박: 오랜 시간 인터뷰하시느라 수고 많으셨습니다. 꿈을 향해 도전하는 보우의 큰 발전을 기원하겠습니다. 감사합니다.

* 김명자 회장은 책 〈위대한 유산〉의 저자이다.

6. 패션액세서리 도금의 47년 역사
-서일기업

날짜 및 장소 : 2024년 2월 8일 서일기업

대담 : 서일기업 대표 최재원 / 전 현대액세서리산업디자인학원장 박옥경

박옥경 원장: 몇 년도에 서일기업을 창업하셨나요? 최 대표님은 아버님께 서일기업을 이어받으신 거죠? 그리고 아버님께서는 어떤 분이셨는지 소개 부탁드립니다.

최재원 대표: 아버님께서는 1978년도에 창업을 하셨습니다. 그리고 저는 2008년도에 도금 사업을 시작했고요. 2008년도에 시작했으니까 벌써 저도 16년이나 되었네요. 아버님 성함은 최희락이시고 지금은 연세가 76세이십니다.

박: 아버님께서 도금사업을 하시게 된 계기를 알 수 있을까요?

최: 저도 아버님께 들은 얘기지만 1970년 일본에서 패션주얼리 생산시설인 체인 (액세서리) 중고 기계 등이 한국으로 넘어오게 되었다고 합니다. 친척 중 한 분이 군인 장교로 계셨는데 아마 일본어가 가능해서 일본의 액세서리 관련 기계를 한국으로 옮겨올 때 관여하셨던 것 같아요.

그때인지 그 이후였는지는 잘 모르겠지만 친척분을 필두로 해서 처음 우리나라에 액세서리 관련 회사가 세워졌는데 그 회사가 바로 삼영금속이었어요. 그 당시 삼영금속은 꽤나 유명했어요. 어떻게 보면 삼영금속에서 패션

액세서리가 빅뱅(big bang)이 됐다고 봐야죠. 삼영금속은 주식 시장까지 상장이 되었던 거로 알고 있습니다.

박: 1970년대 액세서리 역사 이야기는 정말 소중한 말씀이네요.

최: 그때가 패션액세서리 업계의 빅뱅이라고 보시면 돼요. 우리나라의 액세서리 역사의 빅뱅은 삼영금속이 시초라고 보시면 될 것 같아요.

박: 그러면 아버님도 삼영금속의 일원이셨나요?

최: 그렇죠. 아주 초창기는 아닌데 70년대 초중반 즈음 친척분께서 삼영금속에 입사해서 도금 쪽을 관리해달라고 부탁하셨답니다. 그 당시 삼영금속은 뚝섬에 있었어요. 아버님이 도금 생산직 관리자로 삼영금속에 입사하신 거죠.

그쪽 계통 출신이 아니어서 도금기술 지식은 없었는데 삼영금속에서 처음 도금을 접하게 되신 거죠. 그 당시에는 주야로 일요일까지도 일하던 시절이었으니까 생산 관리자로 팀원들 데리고 일하면서 도금기술을 배우신 거죠. 그렇게 근무하던 중 어느 순간 영화를 보시다가 '한 번뿐인 내 삶을 이렇게 살면 안 되겠다'는 생각이 불현듯 드셨답니다. 갑작스럽게 내가 이렇게 안주하고 있으면 안 된다는 생각이 드시자 2년 넘게 근무하고 있던 삼영금속을 그만두셨어요. 1년간 뭘 해야 할지를 고민하시다가 그 당시에 데리고 있던 도금 기술자가 찾아오셔서 도금 공장을 한번 해보시라고 해서 시작하셨답니다.

박: 그럼 그 당시 회사 이름도 서일기업이었나요?

최: 아니요. 중간에 회사 이름은 한번 바뀌었다고 하셨어요. 아버님(최희락)

이 서일기업을 해오시다가 2008년에 아주 손을 떼셨어요. 현재 사업자(최재원)는 저로 변경되었죠. 사업을 하신 기간이 1970년도 후반부터이니까 거의 47년 되었죠. 우리나라 도금의 산 역사가 여기에서 모두 나왔겠죠. 그래서 서일기업이 액세서리 도금으로는 최장수 기업인 건 맞아요. 현재 아버님은 쉬고 계십니다.

박: 1970년대부터 현재에 이르기까지 액세서리 관련 역사, 도금 변천사 등에 대해 아시는 데로 말씀해 주시죠.

최: 패션 주얼리는 유럽이나 미국에서 시작됐다고 보시면 돼요. 그러다가 1970년 중후반 삼영금속이 설립되었고, 그 생산 기지가 일본에서 한국으로 넘어왔어요. 1980년대부터 90년대 초반까지는 이제 우리나라가 패션액세서리 세계 1위 생산 공장으로 알려졌어요.

사실 패션 주얼리는 금액적으로 어마어마한 시장이긴 하지만 결국은 다품종 소량생산이에요. 이러다 보니 자동화하기가 힘들어요. 모두가 손으로 하는 가내 수공업이었어요. 1970~80년대까지 가내수공업 하청업체가 성황을 이루었고 바이어의 주문 오더가 크게 늘어 패션 주얼리 시장은 그야말로 호황이었어요.

이 호황은 88년 올림픽 전후로 변곡점은 맞이합니다. 우리 국민들의 소득 수준이 올라가면서 삶에 대한 기대가 커지고 삶의 질을 중요시하는 쪽으로의 변화가 시작된 거죠. 그러면서 1990년대 중반에 이르면 인건비 상승과 사회적 변화로 부업을 줄 곳이 없어지면서 중국 시장으로 진출할 수밖에 없었죠.

그런 계기로 중국으로 생산시장이 모두 넘어간 거예요. 우리도 중국으로 진출할 생각은 전혀 없었지만, 중국 청도에서 1997년부터 2017년도까지 20년 정도 도금공장을 했었어요.

박: 도금생산 공장은 도금 관련 공기정화, 오·폐수 처리까지 할 수 있는 시설이 갖추어진 장소에서 해야 하는 특수한 사업인가요?

최: 그렇죠. 그러니까 1980년대 초반까지는 허가 없이 했는데 88 올림픽 이후부터는 도금 허가시설을 꼭 해야만 했습니다. 서울 시내에서는 더 이상 신규 허가가 절대 안 나오는 거로 알고 있어요.

박: 그래서 도금 공장들이 뚝섬에서 경기도로 옮긴 건가요?

최: 네, 우리가 갖고 있던 부지가 재개발되면서 서일기업도 남양주 다산으로 이사 오게 되었어요. 새로 도금 사업을 하고 싶은 분들은 이제 수도권 밖으로 나가서 해야 할 겁니다. 88 올림픽 이후부터는 법이 완전히 바뀌었어요.

박: 이곳 경기도 다산시에 입주한 업체들은 대부분 도금업체들인가요? 업체 수와 가장 오래된 도금업체는 어디일까요?

최: 저희가 2008년도에 여기 이사 왔을 때는 도금 쪽만 20~30군데가 있었어요. 현재는 경기도 안 좋고 화재 문제와 폐수 문제로 인해 절반 정도 없어지고, 15군데 정도밖에 안 남아 있죠. 이곳 입주한 업체들 중 서일기업이 가장 오래된(47년) 도금 회사입니다.

박: 도금의 종류와 서일기업에서 주로 하는 도금에 대하여 간단히 말씀해 주시지요.

최: 도금은 표면처리라고 해요. 그 표면처리에 도금이라는 것이 들어가는데 그 도금 방법은 습식과 건식이 있습니다.

습식은 액체에다 담가서 **빼는** 전기로 하는 도금이고 건식은 액체에 담그는 것이 아니고 전기로 합니다. 이온 도금이라고 들어보셨나요? 이온 도금은 진공 챔버에 제품을 집어넣어 놓고 거기서 플라즈마로 입자를 쏘는 방식입니다. 즉, 플라즈마가 전기가 통전되는 곳에 달라붙어서 색깔을 입히는 코팅을 하는 겁니다.

박: 이온 도금이 비싼 거예요?

최: 비싸죠. 설비 때문에 비싸죠.

이온도금은 직접적으로 금이라는 메탈을 쓰진 않아요. 귀금속을 쓰지 않고 텅스텐 금속을 쓰는데 이걸로 금 컬러를 내는 거예요. 전기로 이어진 게 아니고 플라즈마로 협착이 되다 보니까 강해서 절대 안 까져요. 그렇지만 이온 도금은 습식 도금으로 내는 컬러의 다양성은 없어요. 예전에 시계 같은 경우에는 이온 도금을 많이 했었죠.

박: 그러면 액세서리는 모두 습식도금인가요?

최: 네, 액세서리는 거의 99% 습식도금으로 합니다. 서일기업에서 주로 하는 도금은, 금도금, 은도금, 로듐도금, 핑크 도금입니다. 물론 저희도 대부분 습식도금입니다.

습식도금으로는 금, 은을 포함한 귀금속 도금으로 백금도금, 로듐도금입니다. 팔라듐 도금은 화학적으로 봤을 때는 모두 백금 계열 금속이에요. 그리고 루테늄도 귀금속 도금이에요.

핑크 컬러를 내는 도금은 금과 동의 합금이에요. 금은 백금, 로듐, 팔라듐, 루테늄 모두 합금 없이도 원색으로 나오는 컬러들인데 여기다 합금하게 되면 핑크색이 나오고, 금도 어떤 합금을 넣었느냐에 따라서 컬러가 24k에서 18k 16k 14k 컬러로 떨어지는 거죠.

박: 요즘 유행하는 도금 컬러는 어떤 거죠?

최: 금은 변함없이 여전히 좋아하는 색깔이었는데 시대에 따라서 색상이 조금씩 바뀌었죠. 옛날에는 순금 같은 색상을 좋아했다고 하면 요즈음 같은 경우에는 14K 컬러를 선호하고 핑크골드 컬러가 새롭게 대두가 되었는데 최근에는 로듐도금을 더많이 합니다. 비율로 보면 금도금이 90%라고 할 때 나머지 10%가 14K 컬러나, 핑크, 로듐 컬러의 비율로 바뀌고 있는 추세입니다.

박: 1970년대부터 현재까지의 도금 변천사에 대해 말씀해 주세요. 한국의 기계 체인은 품질과 가격이 좋아 80% 이상을 전 세계로 수출한다고 하셨는데 그 시절 도금 회사 경기가 가장 좋을 때였겠죠?

최: 그 당시에는 경기가 좋아서 돈을 안 번 회사가 없었어요. 1970년대, 80년대, 90년대는 도금 회사뿐 아니라 약품 회사에서도 돈을 많이 벌었죠. 물론 1억 벌었냐 10억 벌었느냐 차이는 있겠지마는 그 당시 번 돈으로 부동산에 투자해 자산을 증식했던 업체도 많았어요. 아무튼 그때는 경기가 아주 좋았죠.

박: 앞으로 서일기업의 새로운 계획과 도금 사업의 발전을 위해 남기고 싶은 이야기 전해주세요.

최: 여전히 패션 주얼리 시장은 줄어들 것 같지는 않다고 생각합니다. 하지만 소비 패턴을 보면 액세서리에만 쓸 돈이 다양해진 거예요. 과거에는 화장품, 가방, 액세서리를 사는 정도였는데 요즘 젊은 여성들은 그렇지 않다는 거죠. 카페도 가야 하고 여행도 해야 하고, 핸드폰도 주기적으로 바꿔야 하고 또 명품까지 소비해야 합니다. 이렇게 소비 경로가 다양해지다 보니 상대적으로 액세서리에 쓸 돈이 줄어드는 거예요. 그리고 점점 출생률도 떨어지고 생산시장도 과거와 달리 한국, 중국, 베트남, 인도로 나누어졌습니다. 이렇게 소비의 형태가 다양해지고 생산시장이 나뉘다 보니 그런 타격을 지금 남대문, 동대문 등, 모두 다 불황을 겪고 있습니다. 서일도 마찬가지이고요. 국내에 체인, 주석 캐스팅, 신주 캐스팅 등은 더 이상 개발을 안 하고 있어요. 기술자들도 고령화되고 생산은 이미 다 해외로 돌렸기 때문에 이제는 한국에서 개발 자체를 안 해요.

바이어 입장에서 한국에 대한 메리트가 이제 많이 없어질 것 같아요. 이런 상황이 계속된다면 결국에는 바이어가 오지 않을 겁니다. 그나마 지금은 한국 오퍼상들이 오더를 받는 편인데 앞으로는 어떻게 될지 모르죠. 시대 흐름을 따라간다면 케파 증설보다는 더 작고 미니멀한 디자인이나 소재 개발 같은 방향을 잡아 품질의 고급화로 나아가야 할 거 같아요.

오퍼상들은 무엇보다 디자인이 가장 중요할 겁니다. 왜냐면 여전히 한국 액세서리 디자인을 못 따라와요. 디자인만큼은 한국이 세계 최고입니다. 이 디자인 때문에 이렇게라도 한국 액세서리가 버티고 있는 거죠. 그런 만큼 액세서리 디자인은 우리가 계속 살려 나가야 할 부분이고, 앞으로 도금이나

삶과 철학이 담긴 액세서리

다른 생산시설 업계는 우수한 품질 제품으로 갈 수밖에 없는 실정입니다. 무엇보다 고가 제품을 많이 하면서 부가가치를 높여야 살아남을 수 있다고 봅니다.

물론 저도 20년 사업을 해오면서 사업 분야를 다양화하긴 했어요. 예전에는 패션 주얼리만 했는데 지금은 관공서 쪽, 전자제품, 기계제품, 패션 주얼리까지 총 4개 분야로 나눠 다양한 제품을 하고 있습니다. 사업하는 데 늘 고민이 많아요. 그렇지만 메인은 여전히 필수인 고급 패션 주얼리로 갈 생각입니다.

박: 바쁘실 텐데 시간 내주셔서 대단히 감사합니다. 사업이 나날이 번창하시길 바랍니다.

서일기업 /도금생산설비

삶과 철학이 담긴 액세서리

7. 액세서리 조립은 전형적인 가내수공업
-서진조립장

날짜 및 장소 : 2024년 2월 23일 성내동 서진조립장

대담 : 서진조립장 대표 유정열 / 전 현대액세서리산업디자인학원장 박옥경

박옥경 원장: 소개 부탁드립니다.

유정열 대표: 서울 강동구 성내동에서 서진 조립장을 운영하는 유정열입니다. 1963년 생입니다.

박: 액세서리 조립 생산에 어떤 계기로 입문하셨을까요?

유: 24년 전에 액세서리를 판매할 여직원 한 명을 모집한다고 해서 찾아갔는데 다행히 취업이 되었어요. 그 후 그 액세서리 회사를 10년을 다녔어요.

박: 액세서리 회사에 근무하던 때가 언제쯤이고 어떤 일을 하셨죠?

유: 액세서리를 판매하는 일을 했고 입사할 때 나이는 지금으로부터 23년 전이니까 40대였을 거예요.

박: 그러면 결혼 전이 아니고 결혼 후에 액세서리를 접하신 건가요?

유: 그렇죠. 40대에 액세서리 판매를 10년 동안 한 후 그다음에 지금 하고 있는 조립 일을 시작했어요.

박: 액세서리 판매하는 일을 그만두신 이유라도 있었나요? 그리고 조립과 판매는 일 자체가 다르던데요.

유: 액세서리 판매하는 회사가 어려워져서 누구 하나 그만둬야 한다고 하여 그러면 내가 그만두겠다고 하고 사표를 냈어요. 퇴사 후 6개월간 고용보험을 타는 기간에 도금 공장에서 요청해서고 잠깐 일을 하게 됐어요.

박: 그러다가 대표님께서 사업자 등록증을 내고 직접 서진조립장을 운영하시는 건가요?

유: 그렇죠. 이 사업은 전형적인 가내수공업으로 부업 개념의 액세서리 조립 등 여러 가지 일을 합니다. 사업자로서 서진조립장을 시작하여 지금까지 이곳에서 사업을 이어왔습니다. 적자 나는 일은 아직까지 거의 없었어요. 어느 때는 엄청 바쁜 시절이 있기도 했고요. 이것저것 조립이라는 건 다 했으니까요! 액세서리를 비롯해 요즈음은 골프용품, 양말, 휴대 전화 줄 등 다양한 부업을 하고 있습니다.

박: 그러면 조립 일은 누가 가지고 오나요?

유: 일을 맡아오는 게 아니라 일거리를 가지고 다양한 사람들이 서진조립장으로 찾아와요. 기존 거래처 외 오퍼상도 오고 무역하는 수출회사 등 여기저기서 직접 일을 가지고 옵니다.

박: 그러면 액세서리 조립은 어떤 방법으로 하는지 과정 좀 간단히 얘기해 주실 수 있을까요?

삶과 철학이 담긴 액세서리

유: 목걸이가 체인이면 우선 먼저 절단을 해야 합니다.

박: 누가 절단해요?

유: 집에서 하기도 하고 이곳 조립장에서도 절단합니다. 다목적으로 다해요. 거의 모든 걸 할 줄 알아야 합니다. 이곳 조립장에서는 절단, 조립과 도금을 할 수 있게 행킹하고 목걸이 중간에 진주도 끼워 조립완성 후 도금하는 회사로 보내면 그다음은 업체가 알아서 찾아가는 겁니다.

물론 모든 일은 조립장 근처에 사는 아줌마들에게 쉽고 빠르게 만드는 방법이나 노하우 등을 알려준 다음 부업으로 할 수 있도록 일거리를 제공합니다. 그 후 가가호호 방문하여 다 완성 조립된 액세서리 물건을 거두어 끝마무리나, 수량 및 불량 체크 후 업체에 제가 직접 납품합니다.

박: 조립 사업은 언제가 호황기였나요?

유: 1990년대입니다. 바빴어요! 엄청 바빴죠. 이때는 말도 못하게 일이 많아서 새벽 두세 시까지 일하면서 도와주시는 아줌마들도 많았어요

박: 그때는 몇 분과 함께 일하셨어요?

유: 13~14명 정도 우리 조립장에서 부업을 했습니다. 모두 아줌마들이고 대부분 이 근처 성내동에 사는 분들이었습니다. 내가 자전거를 잘 타니까 자전거에 조립할 액세서리 물건을 싣고 새벽 2~3시까지 근처 부업 하는 분들 집까지 가져다주고, 조립이 다 되면 그분들이 우리 조립장으로 직접 가져오곤 했어요. 그 당시 바쁘지만 신나게 일했던 것 같아요.

서진조립장 대표

박: 그때 당시(90년대) 주로 어떤 액세서리를 조립하셨는지요?

유: 목걸이, 팔찌, 헤어 제품, 진주 구슬 꿰는 것 등 여러 가지였어요. 진짜 어마어마하게 많은 일을 했던 것 같아요.

박: 1990년대 그렇게 바쁜 시기가 10년 정도 되나요?

유: 거의 7년 정도 아주 호황이었던 것 같아요.

박: 코로나 때는 일이 전혀 없었나요? 아예 문을 닫아 놓으신 건 아닌지요?

유: 전혀 그렇지는 않아요. 코로나 때도 일은 조금씩 들어왔어요. 내가 생각하기에는 서린조립장이 오랫동안 이 일을 하고 있어서 그나마 일이 있지 않았나 생각합니다.

조금 전 이 주변을 한 시간 동안 둘러보니 다들 일이 없어요. 그런데도 저는 이렇게 일이 많아 바빠요. 다만 90년대에는 주로 목걸이 등 액세서리를 주

삶과 철학이 담긴 액세서리

로 했는데 코로나 이후로는 장갑이라든가 양말 같은 이런 일들이 주로 들어오고 있네요

박: 이 사업을 하면서 기억에 남는 일이나 재미있었던 일이 있으면 말씀해 주시지요.

유: 특별히 그런 일은 없었지만 늘 긍정의 마음으로 일을 하고 살아가니 행복하다는 생각, 그것밖에 없어요. 그래도 운때가 맞아서 밥은 먹고 사니까 그냥 행복한 거죠.

박: 액세서리 판매와 서진조립장을 오랫동안 운영해보신 경험으로 액세서리에 관한 한 모든 걸 터득하셨겠네요? 액세서리 조립 인건비를 계산하는 방법 좀 알려주세요.

유: 이 부업은 시간당으로 해요. 바쁘게 많은 일을 해도 그렇게 많은 이익이 나지는 않아요. 단순 노동이다 보니 그럴 수밖에 없죠. 그래서 액세서리 조립은 시간당으로 노임을 계산해 주는 게 합리적입니다. 사업장에서 직원을 뽑아 인건비를 지급하고 하기에는 부가가치가 낮아 불가능한 일입니다. 그나마 가정에서 살림하는 주부들이 자투리 시간을 활용해서 하는 부업이라야 가능하죠. 시간당 단가가 낮다 보니 요즈음은 이 일을 할 사람 구하기도 점점 어려워지는 실정입니다.

박: 1990년대는 액세서리 산업 전체가 호황이었지만 이제 인건비가 싼 중국으로 다 가버리고 이제 조립장 등 액세서리 여러 분야에서 할 일이 없어져버리는 건 아닌지 걱정이 앞섭니다.

유: 여자들이 있는 한 이 패션액세서리 산업은 망하지 않는다고 생각합니다. 그래서 제가 일부러 문 닫지 않는 이상 이 조립장은 남아 있을 것 같아요. 일이 없으면 할 수 없는데 전혀 없지는 않을 것 같으니까요.

제가 머리는 좋지 않은데 무엇을 맡으면 고민하고 연구하며 끝마무리를 잘 하는 편이에요. 생산 공정을 간단히 요령 있게 해야 하고 어쨌든, 아줌마들에게 쉽고 빠르게 하도록 가르쳐줘야 합니다. 스스로 생각해도 '내가 좀 대단한 사람이네' 이렇게 생각하고 산다니까요. 어려운 건 내가 다 해야 하니까요

박: 판매도 10년 해보시고 조립도 14년 하시면서 뭔지 모르지만 갖고 있는 노하우 덕분에 어려운 문제를 잘 풀어나가시는 거라고 생각합니다.

유: 부모님한테 늘 감사해 하며 살고 있습니다.

박: 서진조립장 사업을 하면서 가장 보람 있었고 자랑스러웠던 일이 있었다면 마지막으로 한 말씀 해주세요.

유: 만약 이 사업을 안 했다면 직장생활 하며 9시부터 6시까지 매일 매일 출근하며 살고 있었겠죠. 서진조립장 사업을 함으로써 건강 관리도 하고 자유 시간도 있고 경제적 자유도 있고 일의 즐거움도 있고 행복하고 좋습니다.

박: 액세서리 산업 발전에 최선을 다하시고 묵묵히 그리고 성실한 자세로 일하시는 서진 사장님께 고개 숙여 감사의 말씀을 전합니다. 수고하셨습니다. 항상 건강하시고 행복하시길 바랍니다.

8. 35년 경력, 알면 알수록 어려운 캐스팅
-우일캐스팅

날짜 및 장소 : 2024년 3월 11일, 오금동 공장

대담 : 우일캐스팅 대표 이병옥 / 전 현대액세서리산업디자인학원장 박옥경

박옥경 원장: 이병옥 대표님께서 하셨던 일과 입문연도, 입문계기 말씀 부탁드립니다.

이병옥 대표: 이 업계에 처음 발을 들여놓은 것이 1989년입니다. 매형이 액세서리 캐스팅 사업을 하셨기 때문에 자연스럽게 캐스팅 일을 시작하면서 입문하였습니다. 지금 나이는 59세입니다.

박: 대표님께서 캐스팅을 하셨다고 하는데 구체적으로 어떤 일을 하셨나요?

이: 처음에는 캐스팅 반제품인 액세서리 부자재 판매장에서 근무했어요.

박: 캐스팅 반제품을 생산하여 판매한 장소는 어디였나요?

이: 가구점들이 많았던 중곡동에 판매장이 있었고 바로 옆에는 유성사도 같이 있었어요. 한 3년간 캐스팅 반제품을 판매했습니다.

박: 중곡동에는 액세서리 관련 수출회사와 부품과 부자재 판매장들이 많았어요. 그 당시 유신쥬얼리 사옥도 중곡동에 있었고 맞은편에 제가 운영했던 박옥경 액세서리 학원이 있었습니다. 그러면 대표님께서 직접 창업하신 건

몇 년도였나요? 그리고 캐스팅 일은 정식으로 배우신 건가요?

이: 매형 회사에서 3년 동안 판매 일을 하다 생산공장에서 캐스팅 일을 정식으로 배우며 10년 정도 일했습니다. 우일캐스팅 사업자 등록증은 1997년도에 냈지만 매형 공장 일이 바빠서 3년 더 매형 회사에서 캐스팅 일을 봐주었습니다.

박: 캐스팅일을 하시면서 가장 어려웠던 시기와 제일 호황기는 언제였죠?

이: 가장 어려웠던 시기라면 1990년대 말 이후부터입니다. 호황기는 1980~1990년이었죠. 그 당시에는 너무 바빠서 눈코 뜰 새 없었어요. 밤잠도 못 자고 제품을 만들어 놓으면 금세 다 나갈 정도로 호황이었고 그만큼 바빴습니다.

박: 캐스팅 과정에 대해 말씀 부탁드립니다.

이: 캐스팅 과정은 두 종류가 있어요. 그리고 설비로는 압축기, 주물기, 실리콘바가 있습니다. 캐스팅은 크게 라바 캐스팅과 다이 캐스팅이 있어요. 좀 더 섬세한 작업을 할 때는 다이 캐스팅으로 합니다. 기계 가격도 라바 캐스팅 기계보다 다이 캐스팅 기계가 더 비쌉니다

박: 캐스팅 제품들은 주로 어디에 납품하시죠?

이: 캐스팅 제품들은 내수가 한 10% 정도고 거의 90%가 수출입니다. 소량 다품종이다 보니 주로 오퍼상이나 성내동, 이런 곳으로 나갑니다.

박: 우일캐스팅만의 특별함이 있다면 알려주시기 바랍니다.

이: 지금까지 우일캐스팅을 유지한 비결이라면 디자인 비밀 유지와 여러 가

지를 소량(다품종 소량 위주)으로 생산 납품했기 때문이라고 생각합니다.

박: 캐스팅 기술도 평생 해도 배울 것이 있나요?

이: 알면 알수록 어려운 게 많아집니다. 캐스팅 경력 35년이나 되었는데도 아직도 힘들고 어렵고 모르는 것이 많습니다. 끝이 없네요.

박: 지금 운영하는 우일캐스팅에서 주로 하는 캐스팅은 어떤 것인지요?

이: 액세서리 제품은 대부분 라바 캐스팅입니다. 우리 회사도 액세서리를 하다 보니 거의 라바 캐스팅을 합니다.

박: 기억에 남는 일이나 안타까웠던 일 한 가지만 말씀해주신다면?

이: 어려워도 중국에 가지 말고 우리나라에서 해결해야 했는데 중국으로 가는 바람에 따지고 보면 우리나라 액세서리 산업이 몹시 힘들어진 거죠. 그러다 보니 이제는 디자인과 품질의 고급화가 앞으로 살길이라는 얘기를 하더라고요. 아직도 이 사업을 하고 있지만 지금 상황도 너무 안 좋아요. 경제가 좋아지고 모든 게 다 같이 잘되기를 바랄 뿐입니다.

박: 아직도 현장에서 고된 일을 하시며 묵묵히 자리를 지켜주시는 이병옥 대표님 같은 분들 덕분에 액세서리 산업의 발전이 있다고 봅니다. 현장감 넘치는 생생한 말씀 들려주셔서 감사드립니다.

주물기

실리콘 라바

캐스팅 샘플

압축기

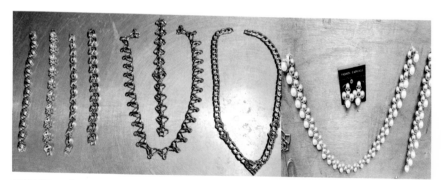

1980년/1990년 목걸이 샘플 히트 아이템

삶과 철학이 담긴 액세서리

9. 유신쥬얼리 50년이 곧 우리나라 주얼리 역사
-유신쥬얼리

날짜 및 장소 : 2024년 2월 20일, 유신쥬얼리 여의도사무실

대담 : 유신쥬얼리 회장 김광현 / 전 현대액세서리산업디자인학원장 박옥경

박옥경 원장: 유신쥬얼리 창업을 언제 하셨고 어떤 동기로 창업하셨을까요?

김광현 회장: 노원구 상계동에서 가내수공업을 시작으로 1974년 유신쥬얼리를 창업하였습니다. 창업 동기는 사연이 꽤 깁니다. 1974년까지 여자고등학교에서 선생님을 하다가 학교에서 일찍 인정받아 고3 담임을 맡았습니다. 당시는 가방 검사를 많이 했어요. 학생들 가방 검사를 하면 구슬 봉지가 여럿 나오는데 그 안에 진주 구슬이 들어있는 거예요.

참 신기했습니다. 여학생들이 남학생들이 주로 하는 구슬치기 놀이를 하는 것도 아니고 궁금해서 물어보니 학생들이 의정부에 있는 어느 주얼리 공장에서 일을 받아다가 부업을 하는 거라고 알려주더군요. 그러니까 토요일 날 물건을 받아 와서 조립한 완제품을 만들어 가져다주고 용돈 벌이를 하는 거였어요. 이걸 학생들이 하고 있다는 게 신기해서 그 회사를 일부러 찾아가 보았습니다. 가보니 대신무역(다이고보끼)이라는 일본 회사였습니다. 대신무역 공장장도 만나서 고마운 인사도 하고 우리 학생들에게 잘해달라고 부탁도 하면서 구슬 꿰는 것을 옆에서 보았죠. 그 후 저는 이 산업에 관심을 가졌어요. 그리고 방학 때 제가 직접 일본을 갔습니다.

대신무역 일본 본사를 찾아갔는데 유명한 미키모토 진주박물관을 돌아보고 깊은 감명을 받았어요. 그러면서 학생들을 가르치는 것도 중요하지만 이걸 내가 익혀서 산업화해야 하겠다는 생각이 들더군요. 돌아와서는 1974년도 그해에 학교를 그만두고 유신쥬얼리를 창업했습니다.

박: 유신쥬얼리가 곧 우리나라 주얼리 산업 50년 역사이기도 합니다. 50년 역사 중 특별히 기억에 남는 일 몇 가지 말씀해주세요.

김: 1970년대 당시에는 기술이라고 할 것이 없었어요. 일본 도쿄에 일본의 주얼리를 유통하는 우예노라는 곳이 있어요. 우예노는 판매처이고, 위치는 생각 안 나지만 공장 지대도 있었어요. 그래서 거기를 왔다 갔다 하면서 체인 기계를 보고 조금씩 기계부속을 사 와서 상계동 공장에서 그걸 써먹었죠. 그때 당시에는 내가 돈이 없으니까 주로 핸드 메이드에 의존했어요. 상계동 공장에서 물량 주문을 많이 받았지만, 공장에서 다 소화를 못 해서 성남 주얼리 공장들을 찾아다녔어요.

성남에 있는 주얼리 공장에서는 은땜을 하여 누르고 펴고 하면서 체인줄 작업도 했습니다. 은으로 땜을 하여 만들면 그것이 은체인이고 금을 하면 금체인이고 신주로 땜하면 신주체인이 됩니다. 저는 여러 가지 제품들을 다양하게 생산하고, 상계동, 성남 공장에서 생산한 제품들을 다시 일본, 미국으로 수출했습니다.

1980년대는 외국에서 오더를 받으면 성남, 천호동, 상계동에 하청을 주어 생산을 다량으로 해서 수출을 했습니다. 지금으로 말하면 주얼리 액세서리의 플랫폼 역할을 한 거죠. 나는 엔지니어도 아니고 공예가도 아니고 나는 주얼리의 플랫폼 역할을 한 유신쥬얼리 대표 리차드 김입니다. 우리나라에서 회사 이름에 주얼리라는 단어를 처음 사용한 곳이 유신이 아니었을까 합니다. 제가 모든 것을 할 수가 없으니까 통합해서 완제품을 만들어서 파는 주얼리 플랫폼 역할을 했다고 보면 되겠죠.

유신쥬얼리 역사는 옥을 잘 깎은 사람들, 체인을 잘 땜한 사람들, 빠우를 잘 치는 사람들 등등, 각자 다른 분야의 다양한 사람들로 구성되어 있어요. 나는 일하는 사람들 모두가 유신쥬얼리의 가족이고 그들의 사업장도 내 공장이라고 생각했습니다.

박: 언제 중곡동 사옥으로 이전했고, 중곡동으로 이전한 특별한 이유가 있을까요?

김: 1984년 중곡동에다가 사옥을 지었어요. 그때 당시에는 작든 크든 자기 사옥이 있다는 게 대단한 성공을 의미했어요. 사옥 1층과 지하는 주얼리 부품을 파는 매장들이었어요. 주얼리 부품을 파는 분들을 모셔서 내 건물에서 사업을 하게 했으며 월세를 받지 않았어요. 그리고 미니 골드도 하나 차지했었고 진주공장을 비롯한 CCB, 부품 부자재 10여 개 회사를 중곡동 사옥에 제가 입주시켰죠.

그러니까 지하에 주얼리 부품 매장을 입점시켜 판매하게 해주었던 것이 플랫폼이라는 거예요. 왜냐하면 유신은 체인 공장을 안 하니까 미니 골드의 노 회장이 하고 있는 그 공장 체인과 또 10여 개 회사 부품을 제가 구입해 주었어요. 그러면서 중곡동 일대가 부품 공장들로 형성되기 시작했습니다. 그 중곡동 시대를 제가 처음 플랫폼을 가지고 열었던 것이죠.

중곡동에는 주얼리 하는 사람도 있고 액세서리 하는 업체도 있고 여러 군데가 있었습니다. 저는 이 업체들을 모아서 수출했으니까요. 바이어가 와서 보면 유신쥬얼리는 빌딩도 있고 그 빌딩 안에는 부품 부자재 등 모두 다 갖추어져 있어서 유신 제품이라고 말 안 해도 바이어는 보스 체어맨이라고 믿었어요. 그래서 제가 이른 나이에 졸지에 회장이 되었던 겁니다. 그러면서 바이어들은 유신쥬얼리에 대한 신뢰를 더욱 커졌습니다.

쇼룸에 샘플들이 다 전시가 되어 있었고 부품을 보고 싶으면 1층에 와서 보고 골라서 조립해서 만들고 댐을 하면 완제품이 되었습니다.

이것 때문에 비즈니스는 점점 커지고 미국이나 외국에서 바이어가 한 번 방문하면 유신에 대한 믿음은 더 커져만 갔습니다. 그 당시 유신쥬얼리 리차드 김은 한국의 주얼리 킹이었어요.

박: 그 당시 중곡동에는 액세서리 부자재 업체들이 많이 모여있었어요. 1990년 제가 직접 운영하던 박옥경액세서리스쿨(중곡동 2교육장)도 유신쥬얼리 사옥 맞은편에 있었고요. 그러고 보니 어느덧 30년 넘는 세월이 지나갔네요. 유신쥬얼리 회장님께서 우리 학원 졸업생들을 디자이너로 많이 채용해 주셨고, 산학협동으로 디자인 프로젝트와 장학금을 주시는 등 많은 도움을 주신 것에 대하여 이 자리를 빌려 다시 한번 감사 말씀드립니다. 그 당시 학원생들 에게 베네통(United Colors of Benetton)이라고 공모전 주제를 주셔서 프로젝트를 수행한 경험이 있어요. 베네통 공모전에 대한 한 말씀 해주세요.

김: 그럴까요. 그 당시에는 독일이나 이탈리아로 유럽 여행을 자주 다닐 때였어요. 랑방도 주얼리 브랜드가 있고 샤넬도 주얼리 브랜드가 다 있잖아요. 그들이 주얼리만 하나요? 스카프라든지 토털 패션을 다 하잖아요. 주얼리도 패션의 한 일부분이에요. 베네통은 패션만 하고 주얼리 브랜드는 그때 당시

삶과 철학이 담긴 액세서리

(1990년) 없었어요.

베네통 본사로 찾아가서 내가 주얼리를 만들어 공급하겠다고 제안하자 베네통사는 오케이 하며 동의하여 서로 믿고 한번 시도해 보자 약속하고 한국으로 돌아왔습니다. 처음부터 내가 몇십만 개 오더받으려는 생각은 하지 않고 나도 투자하자고 마음먹고 추진한 일입니다. 그 후 베네통사에서 우리에게 요구하기를 제품쇼 때까지 주얼리를 어떻게 론칭할 것인가에 대한 아이디어와 디자인 스케치를 제안해달라고 요청했어요. 약속을 하고 돌아와서 한 달 안에 전시한다고 하니 난 이걸 어떻게 할까 깊은 생각과 고민에 빠졌습니다. 우리 디자이너라고 해보았자 몇 명이 안 되다 보니 제가 공모전를 하게 된 겁니다.

공모전을 하는 가장 큰 백그라운드로 현대액세서리 박옥경 원장이 있었고, 또 제가 강의를 나갔던 국민대학교의 김승희 교수 등에게도 공모전을 의뢰하게 되었습니다. 그 공모전 디자인 결과물들을 받아서 베네통에 다시 갔죠. 약속대로 독일에서 만나 다시 이탈리아까지 가서 베네통 본사 디자이너들에게 모두 보여준 후 칭찬과 큰 박수를 받았어요. 그 후 베네통에서 채택된 샘플을 만들어서 오더받은 것을 수출했습니다. 유신쥬얼리가 베네통의 제1호 매뉴팩처러가 됐던거죠.

박: 유신쥬얼리 생산품의 종류와 재료 등은 어떤 것들이 있는지 소개해주세요.

김: 주요생산품은 파인주얼리, 실버주얼리, 커스텀주얼리, 기능성주얼리(Bion Jewelry)입니다. 제품의 재료는 금, 은, 동, 신주, 주석, 등의 재료와 다이아몬드, 큐빅지르코니아(CubicZirconia), 천연보석 등이 있습니다.

박: 80년대 후반에서 90년대 후반까지 중국이나 동남아로 공장 이전이 마치 유행처럼 번져나가는 시기에 유독 김 회장님께서는 정반대의 길을 선택하셨습니다. 그런 선택의 이유가 있을까요?

김: 90년대 진짜 호황기에 접어들었을 때는 우리나라는 그 호황기를 제대로 누리지 못하고 그걸 중국으로 다 쫓아 보냈죠. 우리가 국내에서 힘들다고 모두 외국으로 나가버리면 길게 볼 때 국내 산업은 어떻게 되겠습니까? 시장 경쟁 구조가 변해 더 이상 싼 노동력의 이점이 통하지 않으면 품질로 승부해야지, 더 낮은 임금을 찾아 피하는 것은 결국 도태를 의미하는 것이지요. 그런 생각으로 생산비 절감을 위해 임금이 싼 중국으로 이전하는 대신 저는 전 재산을 털어 오산에 최첨단의 현대식 공장을 지어버린 거죠.

박: 1994년 국내에선 처음으로 유신쥬얼리는 원스탑시스템 주얼리공장과 전시박물관을 갖춘 오산 공장을 준공하고 본사를 이전하였습니다. 색다른 공간 구성의 주얼리 공장을 설립하신 것에 대하여 자세한 말씀 부탁드립니다.

김: 새로운 공장에 대한 주변인들의 반응은 불신과 걱정이었습니다. 그런데 저는 한발 더 나아가 공장에 대한 고정관념을 바꾸기로 했어요. 공장은 지저분한 공간으로, 사무실은 깨끗한 공간으로 분리되는 것에 의문을 가졌어요. 유신쥬얼리 오산공장은 생산 공간과 사무공간의 구분이 없어요. 사무실처럼 깨끗한 공장을 만들면 생산 능률도 오르리라 생각했어요.

금의 정련에서부터 모든 가공이 원스톱 시스템으로 이루어져요. 예를 들어 한쪽에서 컴퓨터로 디자인하면 바로 옆에서는 그 디자인에 따라 샘플을 만들고 다시 옆에서는 샘플대로 금형을 만드는 식이었어요. 공장의 기계도 완제품 기계를 사들이지 않고 대부분 자체 제작 또는 주문 생산을 하는 방식으로 만들었어요.

박: 수출을 하는 데 무엇보다 바이어들과의 믿음이 기본이라고 생각하시는 김 회장님께서 또 다른 유신쥬얼리만의 원칙이나 정신이 있다면 말씀해주세요.

김: 바이어가 원하는 제품은 철저히 그 바이어에게만 독점 공급하는 것이 유신쥬얼리만의 원칙입니다. 그러다 보니 주문 물량이 적으면 손해를 보게 되지만 당장은 손해가 나더라도 바이어를 감동시키면 10년 혹은 20년 후에는 5만 달러, 500백만 달러도 될 수 있다는 믿음이 있어서 가능했던 일입니다. 이런 정신이 회사가 지속 성장할 수 있는 기반이 되었어요.

박: 독일의 유명한 카페에 수출하신 이야기와 유신쥬얼리만의 마케팅 노하우가 있면 말씀해주시지요.

김: 주얼리 사업을 하면서 창의력과 디자인을 상위에 두고, 어디에 누구를 대상으로 마케팅할 것인가를 생각하며 패션마케팅 개념을 기본으로 하여 사업을 했었어요.

90년대 초반, 독일에 있는 유명한 취보카페(Tchibo)가 있는데 커피 카페죠. 독일에만 4천 개가 있는 매우 큰 규모의 카페인데 여기에서 주얼리를 판매하도록 했어요. 50만 개 100만 개 수출을 하더라도 아주 생산공정을 정교하게 해서 적은 마진을 적용했는데 거의 원가라 하더라도 볼륨이 크다 보니 큰 이익으로 돌아왔습니다.

소더비에 출품된 주얼리를 모더파이(Modify)하여 상품을 기획 제작 수출했고요. 베네통(United Colors of Benetton)에는 주얼리를 최초로 론칭해서 판매하였고, 일본의 시세이도에도 우리 주얼리를 판매한 바가 있습니다.

지금 생각해 보면 몇십 년 전에 주얼리를 의류, 패션과 접목해 해외 시장을 개척했고 세계 유명 예술작품을 모더파이하여 마케팅한 것은, 지금 많이 회자되고 있는 소위 말하는 협업이었던 거 같습니다.

결국 패션과 마케팅이 저의 길잡이였던 셈이죠. 한국 주얼리 산업의 플랫폼 역할을 하는 사람으로 자부하면서 사업을 했던 것 같습니다.

박: 귀한 시간 내어주신 회장님 정말 감사합니다. 마지막으로 남기고 싶은 한마디 해주신다면?

김: 주얼리를 소재에 국한시키지 말고 패션, 디자인과 예술성으로 인식하여야 합니다. 예술성과 캐릭터 패션에 융복합되게 하여 BTS, 블랙핑크 등에 맞는 캐릭터와 이미지를 살린 주얼리를 디자인하여 잘 만들어 마케팅하면 어떨까 하는 생각이 듭니다.

우리나라 사람들의 창의력과 손재주라면 K주얼리로서 시장을 석권할 수 있을 것이라 확신합니다. 그 시장의 크기를 상상해본 적이 있으신가요?

삶과 철학이 담긴 액세서리

보석가공 명장 작품의 세계

craft jeweller

André Kim

앙드레김 모티브 쥬얼리

유신쥬얼리 오산공장(원스탑시스템 주얼리공장 및 전시박물관)
주요생산품 - 파인주얼리, 실버주얼리, 커스텀주얼리, 기능성주얼리(Bion Jewelry)

10. 브랜딩 기획과 디자인산업으로 발돋움해야
-LF 부사장

날짜 및 장소 : 2024년 2월 22일, 강남

대담 : 조보영[LF 부사장, 이에르로르코리아 전 대표(IT BAG 저자)]
/ 전 현대액세서리산업디자인학원 원장 박옥경

박옥경 원장: 지난 30년이 넘게 조보영 부사장님의 손을 거치며, 명성을 쌓아 올린 브랜드들을 소개 부탁드립니다

조보영 부사장: 현재 LF의 닥스, 헤지스, 질 스튜어트와 ATHE VANESSA BRUNO, 주얼리 브랜드인 이에르로르 이외에 1997년부터 10년여 MCM의 해외 인수 및 GLOBALIZE 작업을 대표로 말씀드릴 수 있겠습니다. 또한 주얼리 브랜드 J-ESTINA에서 2007년 핸드백을 론칭하여 3년 만에 3백억 대 중견 브랜드로 키웠습니다. 이 밖에도 니나리치, 발렌시아가 등등 여러 브랜드가 있습니다.

박: 한국 패션사에서, 70년대 의류 산업발달에 뒤이어 80, 90년대 핸드백 및 액세서리 분야의 발전이 있었습니다. 조 부사장님은 그런 발전의 1세대 디자이너로 불리는데 현재 하시는 일과 보람 있었던 업적이 궁금합니다.

조: 현재는 디자인뿐 아니라, 기획, ON/OFF 마케팅, VM 등 VISUAL과 고객 소통, SNS 디렉팅까지 함께 아우르고 있습니다.

보람 있었던 기억은 MCM의 해외 인수와 GLOBALIZE 작업에 주역으로

삶과 철학이 담긴 액세서리

참여했던 일, J-ESTINA 핸드백을 론칭하고 단기간에 중진 브랜드로 성장시켰던 일, 그리고 지난 팬데믹 기간 중 성공하는 기획의 법칙인 〈시그니처 베이스의 RANGE PLAN〉을 상품 기획에 접목시켜 'LF 닥스'를 2위 브랜드 매출보다 두 배 차이 나는 탁월한 1위 브랜드로 만들고, 기타 브랜드들도 업계 상위권으로 신장시킨 것, 지금 현재 ATHE vanessabruno를 급속 신장시키고 있는 것 등을 들 수 있겠습니다

박: 처음 일을 시작하던 초창기 핸드백 디자이너들의 업무와 현재 디자이너들의 업무나 역할의 차이가 있을는지요?

조: 그 당시 패션 산업 자체가 분업화되어 있지 않고 업무 영역에 대한 구분이 정해져 있지 않았습니다. 당시 MD(머천다이저)나 상품 기획 업무 자체가 세분화되어 있지 않았기에, 저의 경우 시즌에 앞서 신학기용, 예장용, 선물용 등을 염두에 두고 시기와 목적에 맞게 출시할 수 있도록 디자인에 착수하였습니다. 당시 역시 VMD 개념도 없었기에 제가 직접 매장 쇼윈도에 필요한 오브제를 발주, 설치하고, 디스플레이 하며, 제가 탄생시킨 디자인이 판매까지 잘 이어지도록 했습니다.

회사마다 차이는 있겠으나, 현재는 대부분 상품 기획을 PLANNING하거나 물량 관련, 발주하는 역할이 세분되어 있어 디자이너는 디자인 본연의 업무에 치중할 수가 있고, K 패션의 위상이 높아진 만큼, 모방에서 벗어나 디자인 철학을 갖고 브랜드를 이끌어 나갈 수 있는 점이 과거보다 발전된 점이라 할 수 있겠습니다

박: 디자이너가 되고 싶은 후배들에게 준비해야 할 점에 대해 말씀해주세요.

조: 패션과 사회의 변화에 대해 흥미를 느끼고, 변화의 근간을 통찰할 수 있는 공부를 하라고 말하고 싶습니다. 그것이 경영학이든 심리학이든 그것을 기반으로 디자인에 앞서 생각하고, 무엇을 만들어 누구에게 얼마의 가격으로 얼마큼 판매하겠다는 궁리에서부터 디자인이 출발한다고 생각합니다. 작품과 상품이 다른 이유가 이 차이라고 봅니다. 기업체의 디자이너와 개인 사업 오너로서의 디자이너가 다른 이유가 될 수도 있을 겁니다.

그리고 내 머릿속의 구상(디자인)을 패터너와 기술자들을 통해 구현해야 하는 작업이기에 협업을 잘할 수 있는 자세도 중요하다고 생각합니다.

박: 향후의 패션액세서리 사업에 대해 어떻게 예측하시는지요?

조: K-CULTURE의 유행과 더불어, 우리나라의 패션 산업도 과거의 MANUFACTURE로서 역할이, 브랜딩 및 기획과 디자인 분야로 더욱 확대해 나가리라 예상됩니다. 즉, 더 다양한 디자인과 콘텐츠를 활용한 액세서리 브랜드들이 글로벌하게 확대되어 나갈 수 있으리라 기대됩니다.

의류에 비해, 체형이나 사이즈로부터 자유로운 범용성과 의류보다 좀 더 긴 라이프 사이클로 인해 액세서리 비즈니스는 향후로도 지속적인 가능성이 있으며, 이에 젊은층의 참여로 ON-LINE과의 접목을 더할 시 글로벌한 K 액세서리 브랜드의 탄생을 기대할 수 있으리라 봅니다.

박: 마지막으로 남기고 싶은 말씀 해주시지요.

조: 후학을 위해 오래전 압구정동 한 건물에 현대적 기기들과 학습 환경을 갖추시고, 한명 한명 애정으로 학생들을 이끌어 주시던 박옥경 원장님께 한국 액세서리 산업의 일원으로서 진심으로 감사의 말씀 올립니다.

삶과 철학이 담긴 액세서리

누구보다 앞서서 보시고, 실행하시는 원장님의 추진력과 인간적인 면모에, 업계의 큰 선배님으로 늘 존경과 사랑의 마음입니다. 그 척박하던 시절, 알게 모르게 추진하셨던 크고 작은 공모전과 기업체들과의 콜라보 행사 등이 밑거름이 되어, 오늘날 업계의 많은 디자인 관리자가 탄생하였고 한국 패션계의 발전에 디딤판이 되었다고 생각합니다.

새로운 책의 출간을 축하드리며, 앞으로도 건강하셔서 후배들에게 힘이 되어주시길 기원합니다

박: 30년 넘는 1세대 디자이너로 불리는 조보영 부사장님이 우리 패션액세서리 분야에 있다는 것이 자랑스럽습니다. 귀한 시간 인터뷰에 응해주셔서 대단히 감사합니다.

11. 제품 원칙을 지키고 타협하지 않는 창업정신
-맥몰리 앤드 컴퍼니 대표

날짜 및 장소 : 2024년 2월 28일 맥몰리 앤드 컴퍼니

대담 : 맥몰리 앤드 컴퍼니 대표 조선옥 / 전 현대액세서리산업디자인학원장 박옥경

박옥경 원장: 맥몰리 앤드 컴퍼니를 창업한 동기와 회사 소개 부탁합니다.

조선옥 대표: 핸드백 수출회사의 디자이너로 일을 시작해서, 해외 영업을 맡는 등 업무 흐름 전반에 걸쳐 일하게 되었고, 여러 나라의 바이어를 만나고 규모에 관계 없이 회사를 이끄는 젊은 사업가를 보며, 자연스럽게 핸드백 창업에 대한 꿈을 꾸게 되었습니다.

박: 현대액세서리산업디자인학원 졸업생으로 알고 있습니다. 1997년 대학 4학년 재학 중이었던 것으로 기억하고 있는데 맞나요? 추억이나, 에피소드 등 생각나는 대로 말해주세요

조: 대학교 4학년 때 학업과 병행하며, 현대학원 수업을 들었고 다양한 공모전 참가로, 친구들과 경쟁하며, 현장을 뛰어다니며, 준비하던 일이 기억에 남습니다.

박: 현대액세서리산업디자인학원에서 배운 과정이 현장에서 도움이 되었나요? 함께 교육과정을 배웠던 친구들과 지금도 연락하고 있나요?

조: 1997년 제1회 KOFAC 공모전을 준비하며 디자인하고, 소재 시장에서 직접 자재를 구매하고 샘플실 엔지니어들과 몇 달을 실랑이하며, 핸드백을 만들어본 경험, 그리고 난관에 부딪힐 때마다 해주신 현장에서의 실질적이고도 현실적인 조언들은 취업되어 사회생활을 시작했을 때 무엇과 비교할 수 없는 기본과 자신감의 근원이 되었습니다.

현대학원 동기생으로 대기업 패션 브랜드의 실장이 된 친구와 지금도 업무적으로 개인적으로 늘 연락하고 있습니다.

박: 핸드백 디자인에서 중요한 포인트는 어떤 것이 있는지 설명해 주시지요.
조: 핸드백 디자인에서의 중요 포인트는 팔고자 하는 대상에 대한 분석, 그에 맞는 디자인 그리고 가격이라고 생각합니다.

박: 회사에서 생산하는 건 어떤 제품들인가요?
조: 우리 회사에서는 다양한 브랜드의 핸드백 제품을 생산합니다. 닥스, 헤지스, 질 스튜어트, 아떼, MLB 등 다양한 고객층의 제품을 생산합니다.
박: 대표님의 주요 업무와 하는 일에 대하여 말씀해주시지요.
조: 저의 주요 업무는 매일 나오는 핸드백 샘플을 체크하고, 브랜드 디자이너들과 샘플을 가지고 미팅하며, 한국, 중국의 생산공장들과 생산 품질, 납기 등을 확인하는 일, 그리고 자재 구입, 시장조사 등의 업무를 하고 있습니다.

박: 맥몰리 앤드 컴퍼니는 언제 창업했으며 회사를 성수동에서 하게 된 특별한 계기가 있었나요?

조: 회사는 지금까지 10년째 운영하고 있습니다. 성수동에 오게 된 계기는 주로 강남에 있는 브랜드와 가깝고, 성수동에 모여있는 가죽이나 장식 등의 자재 구입이 가능하여 오게 되었는데, 현재는 많은 패션브랜드의 쇼룸이 있어 시장조사가 쉬운 장점도 있습니다.

박: 거래처들의 믿음은 회사를 지속적으로 성장시킬 수 있는 기본이라고 생각하는 조 대표님의 또 다른 맥몰리 앤드 컴퍼니만의 원칙이나 정신이 있다면 말해주세요.

조: 제가 기본이라고 생각하는 사업 기본철학은, 어쨌든 제조를 하고 있는 사람이기 때문에 제품에 대해 원칙을 지키고 타협하지 않는 것입니다. 그리고 새로운 것을 시작하는 데 긍정적인 마인드로 도전했던 것이 좋은 결과로 이어진 경우가 많았습니다.

박: 직장생활에 만족하지 않고 힘든 창업의 길을 선택한 특별한 이유가 있으셨나요?

조: 10여 년의 직장생활로 이미 사장의 마인드로 일을 하고 있었던 것 같습니다. 매년 계속되는 파리쇼, 홍콩쇼 참여와 바이어 미팅 등으로 미친 듯이 일을 하다 보니 10년이 지났고, 아무 계획 없이 쉬고 싶어 일을 그만두고 충전이 되었을 때, 두려움이나 망설임 없이 창업을 선택했습니다.

박: 핸드백 산업의 최고 호황기는 언제였고 히트상품 소개해주세요?

조: 10년 회사를 운영하며 해마다 발전했으니, 저에게는 계속 호황이었습니다. 질 스튜어트의 프리즘 제품은 공법적으로 계속된 난관으로 생산에 어

려움을 겪었지만 9년 전에 개발해서 아직도 팔리고 있는 우리 맥몰리 앤드 컴퍼니의 히트상품입니다.

박: 창업 시 가장 어려웠던 점과 예비 창업자에게 꼭 해줄 말이 있다면 해주세요.

조: 기업을 운영하는 대표들이라면 공감하시겠지만, 혼자 시작해서 10여 명의 직원이 있는 지금도 한명 한명 직원의 역할이 큽니다. 초창기에 하드한 업무에 잦은 직원 이탈이 많았고, 구인도 쉽지 않아 어려움을 겪었습니다. 그러나 예비 창업자에게 말해주고 싶은 것은 대표가 확실한 비전을 가지고 있으면, 이런 어려움은 통과의례로 지나간다는 것입니다.

박: 또 다른 미래의 꿈과 계획이 있으면 말씀 부탁드립니다.

조: 맥몰리 앤드 컴퍼니는 제품을 만들어 납품하는 일을 하는 제조 기반의 회사이고, 많은 브랜드들과 우리의 노하우를 공유하며 제품을 만드는 플랫폼이며, 큰 브랜드뿐 아니라, 작은 디자이너 브랜드와 협업을 하는 파트너가 되고자 합니다.

우리의 노하우를 인정하는 여러 파트너들과, 아름다운 제조 환경에서 제품을 만들고 자연스럽게 우리 회사가 브랜드가 되어, 글로벌한 회사로 키우고 싶습니다.

박: 실감 나는 현장 이야기 생생하게 들려준 조 대표에게 감사합니다. 앞으로도 맥몰리 앤드 컴퍼니의 무궁한 발전을 기원합니다. 끝으로 남기고 싶은 이야기 부탁드립니다.

조: 뜨겁고 치열했던 20대 초반, 현대액세서리학원의 박옥경 원장님을 처음 만났고, 조그만 사업체를 운영하며 50대를 앞둔 지금 원장님을 마주하고 있습니다. 원장님께서 운영하시던 현대액세서리산업디자인학원은, 저와 같은 디자인을 전공하지 않은 학생들, 순수미술을 전공하여 디자인 쪽 취업을 희망하는 친구들뿐만 아니라 다른 직종에 재직 중인 회사원들까지, 다양한 위치에서 디자인 분야의 취업을 원하는 사람들로 북적이는 장소였습니다.

수업을 진행하는 선생님들은 당시 현업에서 활발히 일하시는 젊은 디자이너, 머천다이저, 엔지니어들로 구성되어 있었고, 원장님은 여러 공모전에 우리를 참가시켰습니다.

공모전을 준비하며 디자인을 하고, 소재 시장에서 직접 자재를 구매하고 샘플실 엔지니어들과 몇 달을 실랑이하며, 핸드백과 액세서리 등을 만들어 본 경험, 난관에 부딪힐 때마다 해주신 실질적이고 현실적인 조언은, 취업이 되어 사회생활을 시작했을 때 무엇과 비교할 수 없는 기본과 자신감의 근원이 되었습니다.

창업하여 사업체를 확장하는 것 못지않게, 내가 좋아하는 일을 하며 돈을 버는 것 자체가 행복하고, 이런 행복한 과정을 열정 있는 후배들에게 나누고 싶은 마음까지 배우게 해주신 원장님께 깊은 감사의 마음 전합니다.

늘 그랬듯이, 에너지 넘치시는 목소리로 책을 내신다며 반가운 소식을 전해주셨습니다. 어디서도 듣지 못할 원장님만의 값진 지식과 경험을 얼마나 유쾌한 언어의 이야기로 담아낼지 벌써 기대됩니다.

삶과 철학이 담긴 액세서리

12. 1980~90년대, 전 세계 바이어가 찾아오던 전성기
-진성사

날짜 및 장소 : 2024년 2월 14일 남대문 진성사

대담 : 진성사 조성숙(전 대표)·최혜미(현 대표) / 전 현대액세서리산업디자인학원 원장 박옥경

박옥경: 진성은 몇 년도 창업하셨나요? 그리고 현재 진성의 대표는 누구시죠?

조성숙: 1980년대 중반에 창업했습니다. 현재 대표는 제 딸인 최혜미입니다.

박: 최 대표(최혜미)는 전공이 디자인 쪽인가요?

조: 아니요. 디자인이 아니고 영상 쪽으로 전공했어요. 방송국에 취업하려다가 진성으로 왔어요. 딸은 일본에서 유학도 했어요.

박: 조 대표께서는 어떻게 액세서리 업계에 입문하게 되셨죠?

조: 결혼을 한 후 몇 년 흐른 뒤에 남편이 친구하고 우연한 얘기 끝에 액세서리 사업을 시작하게 되었어요. 그 후에 나는 남편을 도우며 함께 액세서리 사업에 뛰어들었어요.

박: 처음 진성이 창업한 곳도 남정상가였나요?

조: 네, 그렇죠. 그런데 남정상가가 전에는 아주 구질구질했어요. 그러다가 남정상가 개발을 한 시기가 1980년대 정도인 것으로 기억하고 있어요.

남정액세서리 매장(진성사) 1

박: 제조, 생산, 유통, 판매까지 같은 업종이 모여 네트워크가 형성되는 곳이 바로 남대문시장이라고 합니다. 시작하실 당시 남대문 환경과 지금의 시장 환경은 어떻게 다른지 말씀해주시지요.

조: 그때(1980년~90년) 당시는 지금과 완전히 달랐어요. 요즈음은 소량만 생산해야 해요. 그 당시에는 액세서리 제품 주문을 바이어나 전국 도매시장 으로부터 대량으로 받아 대량생산하여 수출과 내수를 동시에 하면서 적정 재고도 유지해야만 했어요. 현재는 대량생산을 해서는 재고가 쌓여 마이너스가 되니까 소량으로 조금씩 생산하면서 주문 위주로 장사를 해요.

1980~1990년 당시 남대문 액세서리 디자인은 사실 개발이랄 것도 없었어요. 그때는 자기주장과 개성이 강하지도 않았고 그냥 한 가지 액세서리로 여기저기 아무거나 막 하고 다녔을 때였으니까요. 지금은 세계적으로 들어 오는 정보들 외에 보고 듣고 느끼는 것도 많다 보니 액세서리를 보는 시각

삶과 철학이 담긴 액세서리

과 손님들 수준도 크게 높아졌어요. 요즈음은 디자인에 특히 많은 신경을 써야 해요.

박: 요즈음은 고객층의 뚜렷한 새로운 변화가 있는지요? 엄마와 따님 세대 차이가 나듯이요.

조: 제품의 단가가 올라가서 그런지 전 세계에 바이어들은 거의 중국으로 다 가고 소매점도 문을 닫아서 그런지 통 경기가 없네요. 세대가 바뀌니 내가 일했을 때 손님들은 이제 없어요. 거의 다 새로운 손님들이죠. 주 고객이 30~40대 젊은이들이에요. 중국 손님들조차도 모두 젊은이들로 바뀌었어요.

박: 남대문시장의 주 고객은 외국 바이어와 전국 도소매로 알고 있습니다. 1970년~ 1990년대, 2000년~2024년 현재까지 남대문 액세서리 산업의 변천사, 변천요인에 대하여 겪으신 경험담이나 분위기 등 아시는 대로 편하게 말씀해주세요.

조: 1970년대부터 일본 관광객 증가와 수출 등으로 대량생산이 필요해지면서 생산량이 많았고, 1980년대는 시대적으로 88올림픽도 있었고 경기 호황으로 국내 손님들도 많았어요.

1980~90년대에는 세계적으로 바이어가 다 왔어요. 이탈리아고 어디고 전부 우리나라로 몰려왔는데 그 당시는 물량을 미처 대지 못해 밤을 새우는 게 다반사였어요. 그렇게 생산하고 포장하고 내수와 수출을 동시에 하느라 눈코 뜰 새 없이 정신없는 시간을 보냈어요. 남대문 등 모든 시장 전체가 다 바쁘고 경기도 아주 좋았었죠.

2000년 이후 줄기는 했지만 2020년 전까지도 바이어가 왔어요. 그런데 지금은 전혀 없어요. 중국 손님들만 조금 오지 완전 불경기예요. 명품 브랜드가 들어온 데다가 온라인판매가 주를 이루고 외국 유명 브랜드가 강세이고, 2020년 이후로는 또 코로나까지 오면서 더 영향을 미친 것 같아요. 이제는 온라인플랫폼에서 액세서리 물건을 팔다 보니 예전의 호황이었던 시절은 다시 오기 힘들 것 같아요.

남정액세서리 매장(진성사) 2

박: 요즈음 동대문시장에서는 시드 비즈가 엄청나게 유행이더라고요. 왜 이렇게 시드 비즈가 유행인 건가요?

조: 액세서리도 시대에 따른 유행의 변화라고 봐야겠죠. 동대문뿐만 아니라 남대문시장도 요즘 시드 비즈가 대유행입니다. 지금은 액세서리 재료의

삶과 철학이 담긴 액세서리

90%가 중국산이라고 봐야 해요. 진주도 원석도 모두 중국산이에요.

박: 1980년대부터 지금 현재 매장 오픈 시간과 닫는 시간은 언제인지 말씀해주시지요. 예전에는 새벽에 문 열고 늦게 닫았던 걸로 기억하는데요.

조: 그때는 새벽 5시나 6시에 문 열고 저녁 6시나 7시까지 영업을 했어요. 2010년까지도 그렇게 열었어요. 지금은 오전 7시 30분에 열고 오후 5시에 문 닫아요. 손님이 없는 이유도 있지만 요즘 젊은 사람들은 그렇게 오랫동안 일을 안 해요. 현명한 거죠. 우리 시절엔 미련하게 일만 많이 했었지요.

박: 진성이 제일 호황기가 있었다면 언제이고 아이템은 어떤 제품들이었나요? 시대 변화에 따라 주 생산 품목도 많이 달라졌겠죠? 1970~80년대 남대문에서 유행하던 상품을 알려주세요.

조: 시대의 변화에 따라서 생산 품목도 많이 달라졌는데 내가 기억하기로 1970년, 80년대는 브로치나 목걸이, 귀걸이보다 헤어액세서리를 많이 했던 것 같아요. 브로치나 목걸이 그런 품목은 진성사에서는 전혀 안 했어요. 진성사가 제일 호황기 때 아이템은 역시 헤어액세서리였어요. 그때는 헤어핀, 헤어밴드 등 헤어에 관련된 품목들만 나갔으니까 목걸이 같은 건 안 했죠. 남정상가 대부분이 헤어액세서리를 생산했는데 남정상가에서 유일하게 스타사는 브로치 생산을 했어요. 1990년도까지도 헤어액세서리로 우리나라가 세계 1위였어요.

박: 지난 시절이 그립기도 하네요. 그 당시 진성은 저에게도 액세서리 대선배님이셨습니다. 이 자리를 빌려 다시 한번 감사하다는 말씀 전하고 싶네요.

앞으로 예상되는 남대문시장의 변화에 대하여 간단히 말씀해주시지요.

조: 힘들어요. 아주 힘들어질 거예요. 경기가 특별히 좋아지기 전까지는 아마 다시 일어나기는 쉽지 않을 거라 봅니다. 이 많은 사람이 다 어디를 갈 수 있겠어요? 여전히 이 자리에 있겠지요. 자꾸 없어지고 또다시 생기고 그것의 연속이 되지 않을까요?

박: 사업가로 노력하며 따님에게 액세서리를 가르쳐 가업으로 물려주신 사장님께 큰 박수를 보냅니다. 그동안 대단한 일 하셨습니다. 가업을 물려받은 따님에게 당부의 말씀 한마디 해주신다면요?

조: '열심히 해라!' 이 말을 해주고 싶어요. 힘들어도 뭐든 열심히 하면 살 수 있는 거잖아요.

박: 아직도 남정액세서리상가 현장에서 액세서리 산업 발전과 후대에 이어 주는 일에 최선을 다하며 많은 기여를 하고 계십니다. 액세서리 산업에 대한 소상한 말씀 해주셔서 대단히 감사합니다. 앞으로도 계속 번창하기를 바랍니다.

13. KOFAC 공모전(스와로브스키와 현대액세서리디자인학원 공동 개최)
-참가자 장재연

날짜 및 장소 : 2024년 2월 21일, 잠실 롯데백화점

대담 : 장재연 배재대학교 겸임교수 / 전 현대악세사리산업디자인학원 원장 박옥경

박옥경 원장: 1997년도부터 2002년까지 개최되었던 한국 패션액세서리 공모전(KOFAC, Korea Fashion Accessory Design Contest) 중 제3회 KOFAC 대해 이야기를 해주시지요.

장재연 교수: 저는 대학 4학년 때인 1999년도에 KOFAC에 참여하게 되었는데요. 제가 그 당시에 현대액세사리산업디자인학원(이하, 현대액세사리학원)에서 피혁, 액세서리, 주얼리 디자인 및 실기제작 1년 과정을 배우고 있는 수강생이었어요. 그 대회(제3회 KOFAC)가 독특했던 점은 스와로브스키사의 핵심 제품인 크리스털 스톤을 활용한 디자인 콘테스트였다는 점입니다. 저로서는 처음 참여하는 디자인 대회였기 때문에 디자인 구상부터 샘플링 및 실제 완성품 제작까지 고민이 많았습니다. 그런데 현대액세서리학원에서는 수강생뿐만 아니라 다양한 분야에서 대회에 참가하는 모든 지원자에게 콘테스트에 필요한 준비와 정보 등 전체적으로 세심하게 지원해 주었다는 점이 꽤 인상 깊이 남아 있습니다.

박: 어떤 부분에서 학원의 지원이 있었는지 말씀해주시지요.

장: 그 당시에 KOFAC 지원자들은 대학생이나 사회초년생, 신임 디자이너 및 브랜드의 현역 디자이너 등 다양했습니다. 1차 합격한 입상자들에게는 개인적으로 준비과정이 어려운 지원자들에게 학원의 시설물, 샘플링 작업을 수행하는 원자재, 부자재 (스와로브스키 스톤 등) 등이 무상으로 제공되었고요. 특히, 학원 재학생에게는 학원 운영시간이 아닌 휴일이나 공휴일에도 작업장을 개방하여 시설물 및 재료를 사용할 수 있도록 전폭적으로 지원해주어서 콘테스트 준비가 꽤 원활하게 이루어졌던 기억이 납니다.

박: 당시에 현대액세서리디자인학원에서는 제3회 KOFAC을 스와로브스키 한국지사와 공동 주최하면서 '산학연계를 통한 인재양성'을 위해 2000년 뉴 밀레니얼을 맞이하는 '크리스털 스톤처럼 빛날 새 인물 육성과 기업 이미지 제고'라는 공동의 목표 및 가치를 추구했습니다. 그 가치를 실현하기 위해서 스와로브스키사에서는 주얼리 스톤을 무상으로 제공해 주어서 KOFAC 공모전 지원자 모두가 샘플링 작업부터 최종 시안 및 완성품 제작까지 하이 퀄리티의 크리스털 스톤을 활용할 수 있어서 상당히 완성도 있는 작품들을 제작할 수 있었어요.

박: 제3회 KOFAC 수상자 혜택과 스와로브스키 본사가 있는 오스트리아 초청 방문 소감, 그리고 유럽 해외연수에 관해 간단히 설명해 주세요.
장: 수상자들에게는 상금 및 유럽 해외연수 기회가 주어졌습니다. 해외 연수지로는 스와로브스키 본사가 있는 오스트리아를 방문하여 본사에서 운영하는 스와로브스키 뮤지엄을 견학할 기회를 얻었습니다. 오스트리아 본사 방문 시, 스와로브스키 카탈로그 제작을 위해 수상자들에 대한 인터뷰도 진행되었고요. 인터뷰 내용과 함께 수상자 및 작품에 대한 사진도 실려

서 전 세계 스와로브스키 지사에 배포되었습니다. 이어진 연수 일정으로 이탈리아 밀라노에서 열린 세계적인 패션액세서리 박람회인 CHIBI & CART 쇼 관람까지 하였습니다.

박: 제3회 KOFAC 수상자 및 상금, 전공분야 등 자세한 설명해 주시지요.

장: 대상은 상금 300만원 및 유럽 해외연수, 최우수상은 상금 200만원 및 유럽 해외연수, 우수상은 상금 100만원 및 유럽 해외연수, 장려상은 상금 50만원 및 유럽 해외연수, 특별상은 상금 10만원 및 유럽 해외연수의 기회가 주어졌습니다. 그리고 수상자 명단과 공모전 작품 주제는 다음과 같습니다.

제3회 KOFAC 수상자 명단

구분	이름	부문	제목	소속
대상	김정아	커스텀주얼리	야경	안산전문대
최우수상	김정연	커스텀주얼리	예측불허	인하공업전문대
	김상희	피혁 및 패션소품	도시의 활력	홍익대학교
우수상	황연미	커스텀주얼리	새천년을 향하여	서울산업대학원 졸, 현 엠주얼리 수석디자이너
	박성준	피혁 및 패션소품	스타워즈	서울산업대학교 졸, 현 제5시스템 팀장
장려상	황이영	커스텀주얼리	일상의 전환	국민대 주얼리디자인센터
	신지영	피혁 및 패션소품	창살	이화여자대학원
특별상	김경여	(아이디어상)커스텀주얼리	WINDOW	홍익대학교
	장재연	(장인상)피혁 및 패션소품	동양과 서양의 만남	이화여자대학교

특별상 중 장인상(피혁소품 부문)
<서양과 동양의 만남>
-장재연(이화여자대학교)
1999년

박: KOFAC에 참여하여 어떤 결과가 있었나요?

장: 저는 9명의 본상 수상자 안에 들어서 상장 및 상금, 오스트리아에 있는 스와로브스키사 본사 방문과 연수 기회 등 많은 혜택을 누렸습니다. 현대액세서리학원과 스와로브스키 한국지사는 '한국 패션액세사리 산업의 미래를 이끌어 갈 참신한 인재발굴과 현업에 종사하는 디자이너들에게 주는 새로운 자극'을 KOFAC의 취지로 내세웠습니다. 이 취지에 맞게 아마추어인 학생들과 신진 디자이너들이 KOFAC 참가와 수상을 통해 취업과 창업에 대한 인사이트를 얻는 좋은 계기가 되었습니다.

본상 수상자 외에도 특선과 입선에 당선된 지원자들에게도 상장과 수상 타이틀이 주어져 취업이나 창업에 큰 도움이 되었던 것으로 압니다. 수상자 전원이 바로 취업 되었던 기억이 납니다.

저 역시도 KOFAC 입상으로 받은 타이틀 및 연수경험이 경력으로 인정되어 대학 졸업 후부터 지금까지 제 이력에 큰 부분을 차지하고 있습니다.

박: 실감 나는 공모전 이야기 생생하게 들려준 장재연 교수님, 수고 많이 하셨고 오랫동안 인터뷰를 위해 귀한 시간 내어주셔서 감사드립니다. 앞으로 무궁한 발전을 기원합니다.

삶과 철학이 담긴 액세서리

7장

나의 삶, 나의 여정

1. 봄 - 꿈의 시절

│ 삶의 밑거름이 된 싱그러웠던 나의 봄

나는 산골이나 다름없는 충청북도 보은에서 태어났다. 유치원 시절까지 그곳에서 보내며 해맑게 자랐다. 은행원이었던 아버지께서 전근을 다니실 때마다 우리 가족은 매번 이사를 해야만 했다. 그런 이유로 보은과 멀지 않은 음성에서 초등학교에 입학했다.

보은, 음성 이후에도 충주, 청주, 서울 등 수십 번의 이사와 전학을 다녀야 했다. 보통 아이들이 생활 터전과 환경이 바뀌면 주눅 들기도 하는데 난 전혀 그런 게 없었다. 새로 가는 곳마다 낯설고 두렵기보다는 신기하고 재미있어하며 잘 적응하였다.

이사할 때면 덜컹덜컹 소리를 내던 이삿짐을 실은 '도라꾸' 짐차를 타고 가곤 했다. 어린 나는 덜컹거리는 차가 오히려 신나기만 했는데 그 기억이 먼저 떠오른다. 그런 신나고 재미있었던 어릴 적 추억들이 아직도 선명하게 남아 있다.

│ 초등학교 시절

무엇보다 체육 시간이 가장 즐거웠다. 내가 가만히 앉아서 공부하기보다는 활동적인 걸 좋아해서 그랬던 것 같다. 움직이고 뛰어다니는 걸 좋아하다 보니 매일 넘어져 무릎이 성할 날이 없을 정도였다.

초등학교 4학년 때는 전국 어린이 합창대회에 참가하여 우수한 성적을 거두었고, 6학년 때는 학교를 대표하여 전국체전 높이뛰기 운동선수로 나간 적도 있었다.

고모, 이모, 삼촌 등 친척들이 우리 집에서 학교를 많이 다녔다. 그러다 보니 집이 북적였는데 나는 그런 집이 좋았다. 다만 5남매 중 장녀로서 동생들과 방을 함께 쓰는 것은 항상 불만이었다. 그래서 다락방이나 벽장을 나만의 아지트 공간으로 꾸미곤 했다. 그곳에서 나는 여러 상상을 하며 늘 설레는 마음이었다. 소꿉놀이와 그림 그리기, 만들기 등을 하면서도 특별한 꿈을 꾸곤 하였다.

외할머니, 친할머니께서 우리 집에 오실 때면 난 할머니를 따라가고 싶은 마음에 터미널에 먼저 가서 기다리다 대책 없이 버스에 올라탈 만큼 무작정 떠나는 걸 좋아했다. 할머니 댁에서 해 질 무렵 굴뚝에서 하얀 연기가 모락모락 날 때면 엄마가 생각나 눈물을 흘렸던 기억도 생생하다. 지금도 굴뚝에서 연기가 나는 걸 볼 때면 어린 시절 엄마가 보고 싶었던 기억이 아련해지면서 가슴이 먹먹해져 온다.

| 중학교 시절

교육의 도시 청주에서 평범하게 보냈다. 다소 천방지축이었던 초등학교 때에 비하면 이 시절은 다소곳하였던 것 같다. 아무래도 사춘기 시절이고 그만큼 몸도 마음도 자랐기 때문이 아닌가 한다.

중학교 때 키가 커서 맨 뒷자리에 앉았다. 이런 큰 키 덕분에 학교행사가 있을 때 깃발을 드는 고적대를 하였고, 교련 실습 때 중대장 등을 했다. 중학생이 군사훈련과 같은 교련 수업을 했다면 믿기지 않겠지만 그때는 당연한 일로 받아들였다.

키가 크고 몸이 날렵했던 나는 100M 달리기, 멀리 뛰기를 잘했고, 늘 체육 선생님에게 칭찬을 받곤 했다.

| 고등학교 시절

은행원이었던 아버지는 충북 일대에서 계속 근무지가 바뀌었다. 그런 아버지의 근무지를 따라 중학교 시절까지 수없이 이사하고 전학 다녀야 했다.

어머니는 시골에 있으면 딸들이 시집도 잘 못 간다며 서울로 전근하기 위해 아버지께 승진시험을 보도록 설득하였다. 마침내 아버지가 서울로 전근하면서 우리 가족도 청주에서 서울 종로구 효자동(8학군)으로 이사하였다. 우리 오 남매 역시도 모두 서울로 전학하였다. 아버지가 보수적이고 안정지향형이었다면 어머니는 마음이 넓고 따뜻하면서도 여장부처럼 적극적이고 진취적인 분이었다.

서울로 이사 후 서울 지리에 익숙지 않은 동생들은 매일 아침 등교할 때 버스를 잘못 타거나 길을 잃어 한동안 정신없는 교통지옥의 나날을 보냈다. 나야 그러지는 않았지만 서울에서 버스로 등교하는 건 쉬운 일은 아니었다.

등교하는 버스에 익숙해진 어느 날, 버스를 기다리고 있는데 승용차가 내 앞에 서더니 기사님이 나를 불러세웠다. 특이한 교복 색깔 덕분에, 눈에 띄었던 것 같다. 그분은 학생인 것 같은데 회장님 모시러 가는 길이 마침 같은 방향이니 학교까지 차를 태워주겠다고 하셨다. 그 뒤로 매일같이 등교 시간에 맞추어 나가면 늘 그 자가용을 탈 수 있었다. 졸업할 때까지 그 자가용을 타고 호강스럽게 학교에 다닐 수 있었다.

졸업하면서 그분에게 고마운 마음을 보답하기 위해 비싼 만년필을 선물해 드렸다. 지금 생각해 보아도 정말 고마운 분이다. 고등학교 시절, 자가용을 타본 호사스러운 경험은 나에게 자극이 되었다. 막연하지만 나도 사업하는 회장이 되어 멋진 차를 타보겠다는 꿈을 꾸었기 때문이다.

| 인생은 선택과 결과

고등학교 졸업 후 모든 가족이 호주로 이민을 결정했다. 그해 부모님은 고추장, 된장도 담지 않았던 걸로 기억한다. 호주 유학과 이민 준비를 위해 나는 미 8군 내에 있는 시설에서 영어 회화를 배웠다. 이와 함께 광화문에 있는 서울컴퓨터에서는 EDPS-Programmer 과정을 배우고 패션디자인도 공부했다. 이렇게 준비하며 부풀었던 호주 이민의 꿈은 부모님 마음이 바뀌면서 가지 않는 것으로 결정되어 좌절되었다.

나는 청소년기 때부터 성장하면서 어떤 확신이나 하나의 틀에 갇히는 것이 싫었다. 늘 뭔가를 상상하고 꿈꾸면서 나의 삶을 활짝 펼쳐 보고 싶었다. 특히 결혼과 동시에 여자가 집에서 살림만 하는 것을 나는 공포스러운 일로 여겼다.

무언가를 만들고 디자인하고 꾸미는 것을 좋아했던 나에게 직장생활은 따분해 보였으며 세상은 좁아 보이기만 했다. 내가 하고 싶은 것을 실행에 옮기며 실천하는 인생을 살기로 한 내 결심은 확고했다. 이런 생각이 강하다 보니 행동 우선의 철학은 내 좌우명이 되었다.

성인이 되고 결혼 전까지의 시간은 짧았다. 이 짧은 순간은 나에겐 너무도 소중한 시간이어서 단 하루도 허투루 보낼 수 없었다.

그런 나에게는 앞으로 어떻게, 무엇을 하며 내 삶을 살아야 할지, 내가 뭘 좋아하는지, 좋아하는 걸 해서 내가 성공할 수 있을지 확신이 있어야 했다. 결혼 전에 평생 할 수 있는 일은 무엇일지 알아가고자 하는 시간을 가졌고, 진정 나에게 맞는 일 찾기에 열중했다. 하고 싶은 일과 살고 싶은 삶에 대해 매일 골똘히 생각하며 집중하고 또 집중했다. 고심한 끝에 비교적 일찍 내가 하고 싶은 일이 무엇인지 찾을 수 있었다.

유학 준비로 다녔던 컴퓨터 학원에서 실시한 적성검사 결과에서 나의 적성은 디자이너와 예술가로 나왔다. 이 결과는 내가 치열한 고민 끝에 내린 진로와도 일치했다.

인생은 어찌 보면 선택의 결과이다. 특히 젊은 시절이야말로 자신을 파악하고 그에 맞춰 선택해야 하는 중요한 시기이다. '내 적성은 무엇인가?' '내가 정말 간절히 원하는 것이 뭘까?' 등을 제때 제대로 파악하는 것이 특히 중요하다. 그래야 올바른 선택을 할 수 있고 그런 선택의 결과가 성공으로 이어지기 때문이다.

내가 평생을 액세서리 창업과 관련 교육에 몸 바친 것도 결국 결혼 전 나의 깊은 고민과 선택에서 비롯했다고 생각한다.

2. 여름 – 꿈을 향한 도전

| 의상실은 실패했지만…

나는 과감하게 꿈에 그리던 사업을 하기로 결심했다. 그리고 1980년에 명동에서 첫 번째 도전으로 펑펑의상실을 창업하였으나 경험 부족으로 실패했다.

1983년 결혼을 앞두고 취미 생활로 시작하여 만들어왔던 보석나무 공예 작품을 전시하였다. 내 의상실에서 연 작은 전시회였지만 그 반응은 예상을 뛰어넘었다. 신문, 방송에 소개되고 하루에 천 건도 넘는 문의 전화가 빗발쳤다. 폭발적인 반응에 나도 놀랄 수밖에 없었다.

곧바로 방송사에서 출연해 달라는 요청이 들어왔다. 난생처음 해보는 TV 출연에 난 덜덜 떨었고 첫 방송을 소주를 마시고 한 웃지 못할 일도 있었다.

촬영에 들어가니 카메라가 왔다 갔다 하고, 불이 번쩍번쩍 정신이 없었다. 긴장하다 보니 말은 제대로 안 나오고 계속해서 NG가 나왔다. 그걸 지켜보던 제작진 중 한 사람이 안타까웠는지 도중에 야쿠르트라며 뭔가를 내게 건넸다. 난 긴장하고 떨리며 갈증이 나던 차여서 그걸 단숨에 훌쩍 마셨다. 목을 타고 넘어가는데 쓰디쓴 느낌이 야쿠르트가 아니라 소주였다.

그런데 소주가 넘어가고 나니 갑자기 용기가 생기고 마음이 안정되는 기분이었다. 말도 술술 나오고 표정도 한결 여유로워졌다. 거의 NG도 없다시피 하면서 촬영을 끝냈다.

PD가 갑자기 달라진 내가 이상했는지 의아하게 물어보았다.

"계속 틀리고 NG만 내더니 갑자기 어떻게 된 거예요?"

"직원이 야쿠르트라고 주기에 마셨는데 소주였나 봐요. 그 뒤로 마음이 편해졌어요."

PD는 깜짝 놀라는 표정을 짓더니 말했다.

"방송 중 음주는 금지돼 있습니다. 다시는 소주 먹고 방송하지 마세요."

알코올 덕분에 첫 방송을 마치고 나니 그 후로는 알코올 힘을 빌리지 않고도 방송 출연에도 떨리거나 긴장되는 일이 없었다. 그렇게 다양한 프로그램(비밀의 커튼, 차인태의 아침 살롱, 여성 백과, 무엇이든 물어보세요 등)에 출연하며 그때마다 일사천리로 술술 풀어갈 수 있었다.

취미에서 사업이 된 보석나무 공예

전시회에 대한 뜨거운 반응과 TV 출연으로 보석나무 공예를 배우겠다는 사람들의 문의가 전국 각지에서 쇄도했다. 이런 과정을 거치며 '사업이 반드시 돈만으로 하는 것은 아니구나! 아이디어만 있어도 사업할 수 있구나' 하는 생각이 들었고 자신감이 생겼다. 나는 펑펑의상실을 접었다. 그리고 보석나무 공예에 도전하기로 하고 1983년 충무로에 박옥경 보석나무공예연구소를 설립했다.

그 당시만 해도 여성들이 할 수 있는 취미 활동은 제한돼 있었다. 그런 현실에서 보석나무 공예는 여성들에게 새롭고 흥미로운 취미거리였다. 그들은 뜨거운 관심으로 보석나무학원으로 몰려들었다.

그렇게 모인 학원생들에게 보석나무 공예를 가르치며 문화센터, 각 대학

등 외부 특강도 많이 했다. 그 후에는 보석나무에서 한발 더 나아가 장식적인 효과를 높일 수 있고 예술성도 있는 수제 공예작품인 보석부케 사업으로 확장하기도 했다.

보석나무 공예는 내가 취미 생활로 했던 일이다. 하지만 취미에서 그치지 않고 현실적인 직업으로 연결되어 액세서리 디자이너로 성장하는 기회가 되었다.

| 무모하게 뛰어든 액세서리 생산과 수출

보석나무 공예와 보석부케에 이어 충무로 필동에 (주)로랑(액세서리 생산, 제조)을 설립했다. 80평 규모의 공장으로 창업한 로랑은 일본 수출을 목표로 하여 액세서리 제품을 대량생산할 수 있는 시스템을 갖추었다.

생산이 어려운 줄도 모르고 배짱 좋게 뛰어들어 로랑 창업으로 사업을 시작했다. 나중에야 제조업의 현실도 모르면서 일단 저질러 놓고 보는 무모함 덕분에 로랑을 창업할 수 있었다는 생각이 들었다. 일이 힘들다 보니 알고서는 절대 생산 쪽 일은 시도하지 않았을 거라는 생각이 들었기 때문이다. 수출하는 일도 만만치 않았다. 납품 기일을 맞추기 위해서 밤새워 작업하면서 발을 동동 구르는 일이 한두 번이 아닐 정도였다.

한 번은 이런 일도 있었다.

일회용 라이터를 잘못 사용하는 바람에 부업으로 브로치 땜 작업을 하던 동네 아줌마 머리를 홀랑 태워버린 일이다. 마침 옆에 있던 남자 직원이 곧바로 가슴으로 그 아줌마 머리를 끌어안으면서 겨우 불을 꺼 큰 화는 면할 수 있었다. 그 아줌마는 다행히 얼굴에만 가벼운 화상을 입은 정도여서 병원에서 치료하였고, 타고 남은 머리는 다듬어서 겨우 파마를 할 수 있었다. 나는 한 달 동안 그 아줌마와 남편을 찾아다니며 죄송하다고 싹싹 빌며 잘 무마하였다. 로랑에서 일어났던 잊을 수 없는 일이었다.

| 수출에서 내수까지, 남대문시장 진출

주) 로랑을 통해 액세서리를 생산하고 수출하다 보니 국내 시장에도 진출해 보자는 생각이 들었다. 바이어 주문에만 의존하던 것을 직접 디자인과 생산을 해서 국내 시장에 바로 판매하기로 한 것이다. 생산과 수출 경험이면 충분하다는 판단이었다. 88올림픽 당시에는 액세서리 경기도 호황이었던 때라 곧바로 남대문시장의 완제품 판매매장인 남정액세서리상가로 진출했다.

판매까지 하다 보니 몸이 열 개라도 부족한 상황이 되었다. 매일 밤을 새워 가며 디자인하고, 새벽 5시면 남대문 매장에 나가야 하고, 낮에는 문화센터 등 외부 강의도 나가야 했다. 매장 문을 닫은 이후에는 시장 이곳저곳 다니며 자재를 구해 디자인도 해야 했다.

내가 이 모든 일에 열정을 품고 해내니 재미가 있었다. 하지만 그 많은 일을 하기에는 힘도 많이 들었다. 지금 생각해도 그때처럼 바쁘게 살았던 적은 없었던 것 같다.

패션액세서리의 본질인 창의성을 바탕으로 늘 신제품 개발을 고민해야 한다. 잘못하면 돈만 버릴 수 있으며 판매된 제품이 모두 반품이 되어 되돌아

삶과 철학이 담긴 액세서리

오기 때문이다. 신제품 개발은 항상 모험과도 같았다.

그러니 늘 초조하고 불안하였다. 디자인 구상하면서 신제품 개발에 고심한 만큼 돈을 투자하기도 겁이 났다. '잘못해서 돈만 날리는 게 아닌가' 하는 반신반의 속에 고민이 떠나질 않았다.

사업이 항상 모험의 연속이라고는 생각했지만 이걸 이겨내고 평정심을 얻기란 사실 쉽지 않은 일이다. 늘 고민으로 디자인하고 개발하는 가운데 그런 내 마음을 알았는지 직원 중 나이 드신 경상도 아주머니께서 용기를 주었다.

"박 슨생, 해라! 해라! 망해도 몸은 남는데이."

가만히 생각해 보니 맞는 말 같았다. 그러면서 그 한마디가 나에게 큰 힘이 되었다. 직원에게도 배운다는 생각이 들면서 '그래 망해도 몸은 남으니 용기 내어 해 보자! 망하면 다시 하면 되지 뭐' 하며 각오를 다졌다. 물론 이도 젊음이 있었기에 가능했다.

| 다양한 경험이 원동력이 된 최초의 액세서리 교육 학원

액세서리라는 제품 특성상 재고 파악이 힘들고 현금 장사이기 때문에 1~2년만 장사를 잘 못 해도 주인과 점원이 바뀌는 일이 흔하다. 그러한 점에서 남대문 액세서리 매장은 식구들이 온통 매달려야 사업에 성공할 수 있는 것 같기도 했다.

액세서리 생산과 수출을 하다 내수를 목표로 의욕적으로 남대문시장에 진출하며 사업에 열정을 끊임없이 쏟았다. 그렇게 액세서리 수출과 내수 사업을 열심히 해보았으나 한계가 보였다. 디자인에 관심이 큰 나로서는 생산, 판매가 평생 할 수 있는 전문직이라는 생각이 들지 않은 것 같아 깊은 고민에 빠졌다.

고민 끝에 내가 좋아하는 디자인을 교육해 보면 어떨까 하는 생각이 들었다. 교육 일이라면 더 의미도 있고 보람 있는 평생직업이 될 것 같았다. 이 생각은 액세서리 교육 학원으로 이어졌고 마침내 학원을 설립하기에 이르렀다.

나로서는 학원 운영이 쉬운 일만은 아니었다. 그간 여러 사업을 했지만 교육은 사업과는 다른 면이 있었다. 하지만 나는 과감하게 우리나라 최초의 액세서리 교육 학원을 설립했다.

학원 설립과 운영은 기존 사업과 여러모로 달랐지만 그 원동력은 역시 지난 경험에서 나왔다. 피 같은 돈을 들여서 직접 사업을 해보았기 때문에 생생한 경험을 들려주었고, 산업현장의 요구를 커리큘럼에 담아 학생들에게 가르쳐줄 수 있었다.

현대액세서리산업디자인학원의 현장 중심 교육은 업계에서 환영했고 특히 중소업체에서는 졸업생들을 인정하며 채용해 주었다. 액세서리 수출 사업과 남대문시장에서의 젊은 시절 현장 경험은 주변의 교육계에 종사하는 분들로부터 부러움을 사기도 했다.

20년에 걸친 박옥경액세서리학원과 현대액세서리산업디자인학원을 통한 교육은 업계가 필요로 하는 인재를 양성하며 액세서리 산업 발전에 기여했다고 자부한다. 고급 인력 배출을 위해 토털 패션액세서리 교육과정으로 운영하며 그에 맞춘 커리큘럼을 개발하고 발전시켜 온 과정 역시도 자랑이 아닐 수 없다.

3. 가을 – 지치지 않는 열정으로

| 독자적으로 기획, 개최한 한국 패션액세서리 공모전(KOFAC)

나는 내 인생 가을의 시기에도 열정이 멈추지 않았다. 우리나라 최초 액세서리 교육 학원을 열어 운영하며, 한국 패션액세서리 공모전(KOFAC)을 매해 열 정도였다. 이 공모전은 내가 운영하는 현대액세서리산업디자인학원에서 독자적으로 기획하고 준비하여 6회까지 개최하였다.

특히 제3회 한국 패션액세서리 공모전은 스와로브스키사의 후원으로 그 수준을 한 단계 끌어올릴 수 있었다. 이뿐 아니라 세계 유명 디자인 학계의 후원을 받는 국제대회로 부상, 국내외 패션 인재 교류 활성화에 기여하였다.

이 자리를 빌려 공모전 당시 큰 도움을 준 서륭인터내셔널 박일청 대표와 스와로브스키사의 조용무 지사장님께 다시 한번 감사의 인사 드린다.

| 액세서리 온라인 포털에 도전하다

패션액세서리 교육과 공모전 경험은 (주)디자인채널 설립으로 이어졌고, 액세서리 온라인 판매와 온라인 교육을 위한 사이트를 구축했다.

여기에는 현대액세서리학원을 전문 패션액세서리 온라인 교육 학교로 성장시켜 보고 싶은 나의 바람이 작용했다. 수십 년 동안 교육과 사업에 열정을 쏟으며 얻은 모든 경험과 노하우를 바탕으로 큰 그림을 그리고 싶었다.

액세서리 관련 온라인 포털사이트가 내가 그린 그림이었고, 그 시스템을 만들어 나갔다.

온라인 교육 플랫폼을 내걸고 설립한 디자인채널은 패션액세서리 교육 콘텐츠 개발 및 서비스 제공, 신인 디자이너 발굴과 양성, 전문디자인 인력 DB 구축을 추진했다. 그 외 온라인 교육, 온라인 판매사이트 구축 등에도 힘을 쏟았다. 큰 그림이 완성되도록 수많은 시도와 노력을 하고 모든 걸 쏟아부었으나 결과는 실패였다. 결국 디자인채널과 20여 년간 운영했던 액세서리 교육사업을 접어야 했다.

나의 첫 창업에서도 실패를 맛보기 했으나 그때와는 비교되지 않을 만큼 물적, 심적 에너지가 소모되었다. 허탈함과 좌절감은 이루 말할 수도 없었다. 하지만 그런 낙담의 시간은 길지 않았다. 내 특유의 긍정 에너지가 금세 살아나 나를 북돋아 다시 도전할 힘이생겼다.

| 동대문시장 진출과 여행에서 얻은 영감

초심으로 되돌아가 동대문시장에서 다시 창업하기로 마음을 먹었다. 그간 창업과 교육 등 여러 영역에서 쌓은 경험이 또다시 할 수 있다는 용기와 자신감을 주었다.

동대문시장은 학원에서 교육했던 커리큘럼이나 이론과는 여러모로 달랐다. 무엇보다 시장이라는 현장에서 나오는 생생한 디자인과 함께할 수 있다는 게 강점이었다. 나에게는 마치 집시처럼 자유로움을 마음껏 누리는 느낌이었다. 또한 소비자의 반응을 즉각 확인할 수 있는 시스템 덕분에 창조적

삶과 철학이 담긴 액세서리

영감의 원천을 디자인으로 바로 옮길 수 있는 이점도 있었다. 이런 동대문 종합시장의 환경과 특성은 나를 더욱 살아 움직이게 했다.

동대문시장은 10여 년 세월 동안 패션액세서리 콘텐츠, 디자인, 기술적인 면에서 내 실력을 몇 단계 올려주었다. 그 결과 풍요로운 작품 세계를 구축하며 액세서리 작가로 활동할 수 있었다. 돌이켜 생각해 보면 시장에서 축적된 콘텐츠와 그동안 쌓아온 경험을 바탕으로 책도 쓸 수 있는 용기도 났던 것 같다.

사업을 하는 동안 세계를 돌아다니며 많은 걸 보고 느꼈다. 여행을 통해 새로운 변화와 사고의 자유도 누릴 수 있었다.

사업하며 바쁜 와중에 뜬금없이 무슨 여행이냐고 주변에서 모두 만류했지만, 나에게는 변화가 필요했다. 여행을 통해 지친 몸과 마음을 재충전해야 삶 자체가 더 활력을 얻을 것 같았다. 또 사고와 시야를 넓혀야만 계속해서 디자인하고 새로운 작품이 나올 것 같기도 했다. 늘 그런 마음으로 떠나곤 했다.

태어나자마자 춤추고 노래하며 살아가는 집시의 나라 루마니아와 스페인, 네덜란드, 벨기에 인도까지 몇 개월간 여행하고 돌아온 적이 있다. 스페인과 벨기에, 네덜란드에서 가죽과 명품은 내 눈을 반짝거리게 했다. 그렇게 여행 가운데서 다시금 액세서리를 만드는 상상을 하며 행복해했다.

28년 동안 교육사업을 하면서도 해외 전시회에 자주 다녔다. 전시회 참관을 통해 안목을 키우며 영감을 얻곤 했다. 동대문에서 사업하던 시절 다녔던 여행과 해외 전시회에서 얻은 영감과 안목은 디자인에 깊은 혜안을 갖게 했다. 나아가 디자인과 제품 창작에도 자신감이 생겼다.

40여 년의 세월이 지나다 보니 그동안 전시회나 여행 중에 사 온 수많은 샘플들이 엄청나게 쌓여 있다. 액세서리에서 샘플은 디자인하는 데 꼭 필요한 중요한 자료이며 소중한 자산이다.

| 수많은 교훈과 추억을 안긴 시장과 가죽 나비 전시회

남대문, 동대문시장을 경험하면서 시간에 따라 차츰 변해가는 시장의 모습은 시대의 변천사였다. 여기에 내 젊은 시절의 소중한 교훈을 포함하면 우리의 패션액세서리 역사의 기록이라고 해도 과언이 아니다. 수많은 교훈과 추억, 남대문, 동대문시장이 없었다면 겪지 못했을 것이다. 이곳에서 만난 소중한 인연들은 지금도 연락하며 안부를 물어보고 지내는 친구들로 남아 있다.

동대문시장에서 일하며 재미있는 일 몇 가지가 기억난다. 그중 하나가 중국인들의 취향에 얽힌 이야기다. 한동안 빨간색 디자인의 액세서리를 만들어 놓기가 무섭게 중국 손님들이 한꺼번에 몰려와 무조건 몽땅 사 가곤 했다. 우수한 디자인 덕분인 줄 알고 내심 흐뭇해했다. 그 후 중국에 갔을 때 온통 빨간색으로 뒤덮인 상점을 발견했다. 거리에서 자전거를 타는 아가씨들의 치마가 바람에 날릴 때 얼핏 보인 속옷이 빨간색인 걸 보고서야 그게 아니었다는 걸 이해했다. 중국 사람들에게 빨간색은 부의 상징이자, 운이 들어온다는 인식이 강해 빨간색 제품을 선호했던 것이다.

동대문시장은 정해진 영업시간이 종료되면 상가 전체의 불이 꺼진다. 동대문시장이 호황일 때 더 일하고 싶어도 불을 켤 수 없으니 나는 손전등과 꼬마전등을 켜고 밤늦게까지 일한 적도 많았다. 동대문시장의 영업도 쓰나미처럼 닥친 코로나19 팬데믹을 피해갈 수 없었다. 나는 동대문 매장의 문을 닫으면서 그동안 마음에 담아두고 모아온 가죽 나비로 2020년 6월 다온 갤러리에서 BOKKEY(박옥경) 초대 개인전을 열었다. 가죽 나비 전시회는 그동안 해왔던 액세서리 디자인과 경험을 예술에 접목시킨 작품으로 이뤄졌다. 쌓아둔 재료들에 영감을 받아 작품을 만들었고 그렇게 작가의 길을 걷게 되었다. 2020년 6월~2022년, 그리고 이 책을 쓰는 현재까지 아트페어 그룹전 등 작품 활동을 이어오고 있다. 작품 활동을 하다 보니 그것만으로는 솟구치는 내 가슴속 열망이 성에 차지 않았는지 창업 욕구가 또 발동했다. 그 결과 RENEE(르네) 브랜드를 런칭하기에 이르렀다. 르네 브랜드는 아트 액세서리를 표방하며 현재 온라인에서 상품을 판매 중이다. 상품을 작품처럼 제작하는 컨셉으로 차별화하고 있다.

| 변함없이 뜨거웠던 내 인생의 가을

인생의 가을에도 나는 멈출 수 없었다.

내가 만약 하고 싶은 일을 하지 않았더라면 오늘날이 있었을까? 결혼 전 취미로 했던 보석나무 공예전시회를 하지 않았더라면 지금의 글쓰기나 작품전시, 교육사업은 물론 끊임없는 창업과 도전을 할 수 있었을까?

하고 싶은 일을 묵묵히, 혹은 과감하게 하면서 살다 보니 계속 의미 있는 일들이 내게로 찾아왔다. 그렇게 힘든 줄도 모른 채 지내다 보니 어느새 구름처럼 세월이 흘렀다. 그렇게 세월은 흐르고 나는 이제 인생의 겨울을 맞이하려 한다.

4. 겨울 – 또 다른 시작을 위하여

| 나이는 생물학적 기준일 뿐

인생의 겨울이라 하면 보통 노년기를 가리킨다.

나 역시도 생물학적으로 따지면 노년기이다. 지금껏 뭔가를 해야만 살아 숨 쉬는 것 같았던 내 삶처럼 겨울이라고 해서 아무것도 하지 않고 보낼 수는 없다.

앞으로 남은 내 여생의 시간들이 나를 기다리고 있다는 생각이다. 이는 결국 또 다른 시작의 기회라고 생각한다. 그래서 이 시기에 앞으로 내가 해야 할 일을 글쓰기와 공부로 정했다.

나의 삶과 경험을 정리한 글이 인생 후배들에게 작은 힘이라도 되어준다면 더 바랄 것이 없겠다.

이제 인생의 겨울에 들어섰으니 주변에서는 더 시간이 지날수록 점점 정리하기도 힘들다면서 이제부터라도 정리하는 시간을 보내라고 성화들이다. 주변인들의 이런 말도 옳다고 생각한다.

그러나 아직까지는 몸이 건강하고 뭔가를 하기에 체력도 뒷받침되니 앞으로 남은 시간들은 마무리의 시간이 아니라 또 다른 시작을 할 수 있다고 본다.

| 한 알의 밀알이 되어

나는 패션액세서리 창업과 교육, 공모전, 전시회 등등, 다방면으로 끊임없이 도전하고 경험한 사람이다. 누구도 해보지 못한 나만의 독특한 도전과 소중한 경험들은 나누어야 한다. 액세서리에 관심 있거나 관련되어 공부하는 이들은 물론 업계 종사자, 취미와 창업을 꿈꾸는 후배들에게 선배로서 도움이 된다면 얼마나 바람직한가. 꼭 액세서리 관련자가 아니더라도 나의 끊임없는 도전과 거침없이 달려온 인생 행로 역시도 젊은이들에게 꿈과 용기를 줄 수 있다면 이 또한 보람 아니겠는가.

미래 젊은이들의 성장에 이런 나의 노력이 거름이자 쉼터가 된다면 나로서는 영광이다. 젊은이들이 소중한 시간을 낭비하지 않고 지금껏 내가 쌓아놓은 것들을 밟고 나보다 높이 올라갈 수 있게 돕는 건 선배로서 당연한 사명이다. 한 알의 밀알이 썩어야 비로소 새 생명을 얻고 수많은 열매를 맺는 것처럼 인생 선배로서 나는 한 알의 밀알이 되고 싶은 것이다.

비단 밀알의 역할뿐만 아니라 우리나라 액세서리 역사를 기록하고 액세서리와 함께 평생을 묵묵히 걸어온 이들의 업적을 조명해 알리는 일도 또한 큰 의미가 있지 않을까 한다. 이 책에도 이들의 사연이 일부 실리지만 앞으로도 이런 작업을 꾸준히 하려고 한다.

| 삶의 자산을 활용하며 건강하고 행복하게

내 창업과 도전, 그리고 삶의 기록을 남겨 도움이 되고픈 바람과 함께 개인적으로 또 다른 하나의 바람이 있다.

평생을 액세서리와 함께하며 좌충우돌했던 인생 여정은 지금에 와서는 나에게 하나의 삶의 자산이다. 내가 노후에 접어들었다고 해서 이와 같은 자산을 그냥 묵히고 싶지는 않다. 이런 삶의 자산이 있다고 지금보다 더 젊었을 때인 과거처럼 거침없이 도전하겠다는 얘기는 아니다. 그렇게 하고 싶어도 그때만큼의 에너지가 지금은 없다. 하지만 노후에 맞추어 이를 알차게 활용하는 방법은 있다고 생각한다. 아직 고민 중인 상태지만 생각이 정해지면 거기에 맞추어 내 노후를 더 보람차고 의미 있게 보내려고 한다.

행복한 가정을 위해 지금껏 그래 왔던 것처럼 늘 중심에 가정을 두고 그 안에서 내 노후를 펼치려고 한다. 그래야 비로소 가정도 나도 행복할 것이라고 믿는다.

이제는 아이들이 결혼해서 독립하고 남편과 서로를 격려하며 늘 사랑과 감사함을 표현하며 살아가고 있다. 아이들과도 때마다 만나 부대끼며 가족이라는 존재와 소중함을 확인하며 사랑을 키워가고 있다.

인생의 겨울에서는 마음으로 행복을 찾아야 한다. 젊을 때와 똑같이 내려놓지 않은 채 물질에서 행복을 찾는다면 결코 행복은 찾아오지 않는다. 이제 나는 인생의 겨울을 맞이하며 마음의 행복, 진짜 행복으로 물들고 싶다.

노후에는 건강 역시도 무엇보다 소중하다. 건강을 잃으면 다 잃는 것이라고 했다. 난 누구 못지않게 바쁘게 살아왔지만 건강 관리에 소홀하지 않았다. 지금 왕성하게 활동하는 것도 그런 덕분이다. 최고의 건강 관리는 꾸준한 운동과 편안하고 느긋한 마음가짐이다. 이렇게 늘 건강한 몸과 마음을 유지하며 살려고 한다. 나의 취미이자 즐기는 운동 중 하나로 산악자전

거가 있다. 20여 년 넘게 타 왔는데 100회 왕방산 완주를 목표로 지금도 꾸준히 타고 있다. 앞으로 좋아하는 것을 하며 건강하고 멋지게 나이들어 가고 싶다.

참고문헌

° 단행본

- (사)한국귀금속보석단체장 협의회(2022.10). 『한국 주얼리산업 100년 사』
- 오원택(2016). 『보석 같은 삶을 위한 – 인생디자인』
- 장 카스타레드(2011년 출판). 『사치와 문명』
- 르네 샤르(1948년 출판). 『흑과 그늘(원제: Furor et Mystère)』

° 학위논문

- 정우연(2012). 『수공예 패션액세서리의 색채배색 연구』. 홍익대학교 산업대학원 석사학위논문
- 김태은(2011). 『액세서리 쇼핑성향이 유통업태 별 구매빈도, 상품선택 기준중요도 및 정보원활용도에 미치는영향』. 동덕여자대학교 패션전문대학원 석사학위논문

° 신문 및 잡지

- 2001년 서울경제신문 〈버려지는 포장 재디자인 상품화한다고 이제는 디자인 벤처다〉 조충제기자 cjcho@sed.co.kr
- 1992년 3월호 피혁 패션 월간 전문 잡지 〈박옥경 원장 (국내 유일의 박옥경 악세서리스쿨) 전문인력 육성이 패션미래를 좌우한다〉
- 1983년 7월 6일, 동아일보, 기사 / 외 1건
- 섬유신문 〈현대액세서리 산업디자인 학원 박옥경원장〉 이영희 기자

- 2000년 5월 2일 시장초대석 〈확대경/ 현대 액세서리 산업디자인 학원 17년 전통 디자이너 배출 산실-패션디자이너 공모전도 매년 개최〉 권중길 기자
- 스타트업엔(StartupN)(https://www.startupn.kr) 〈역사와 전통을 자랑하는 남대문시장 상인회 문남엽 회장 인터뷰〉 유인춘 기자 ceo@startupn.kr

° 기타
- 〈신변장식용품산업경쟁력조사〉(2002.10.) 한국생활용품 시험연구원, 서울산업대학교